Ole – stammt aus der Familie der Winter-Vanillewichtel und möchte zum Weihnachtswichtel befördert werden. Es gibt nichts Schöneres, als überall Weihnachtsstimmung zu verbreiten, findet er.

Lumi – die Zimtschnecke hat ein glitzerndes Häuschen, ist rasend schnell und Oles treue Freundin. Ihr größter Wunsch ist es, mal den Schlitten des Weihnachtsmanns zu ziehen.

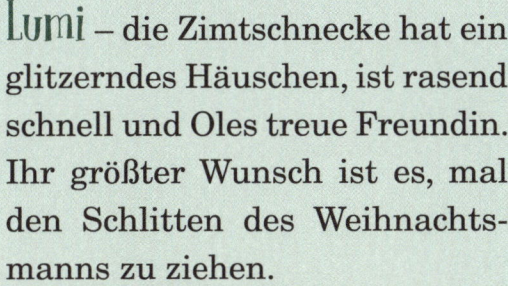

Poldi, der Grüne – viel weiß man nicht über den Troll, nur dass er schrecklich grummelig und brummelig ist.

Das Geheimnis des Winterwichtels
Ein Adventskalenderbuch in 24 Kapiteln

Bibliografische Information der Deutschen Nationalbibliothek
Die Deutsche Nationalbibliothek verzeichnet diese Publikation
in der Deutschen Nationalbibliografie; detaillierte bibliografische
Daten sind im Internet über http://dnb.d-nb.de abrufbar.

Du möchtest noch
mehr von uns
kennenlernen?

MIX
Papier | Fördert
gute Waldnutzung
FSC® C002795

© 2024 arsEdition GmbH, Friedrichstraße 9, D-80801 München
Alle Rechte vorbehalten
Text: Corinna Wieja
Umschlaggestaltung und Innenillustrationen: Caroline Opheys
Satz: Müjde Puzziferri, MP Medien, München

Wir behalten uns die Nutzung unserer Inhalte für Text und Data Mining
im Sinne von § 44b UrhG ausdrücklich vor.

ISBN 978-3-8458-4944-7

www.arsedition.de

Corinna Wieja

Das Geheimnis des Winterwichtels

Ein Adventskalenderbuch in 24 Kapiteln

Mit Illustrationen von Caroline Opheys

arsEdition

Achtung!

Eine Wichteltür darf auf keinen Fall geöffnet werden. Das verschreckt die Wichtel, denn sie sind sehr scheu. Wer nicht daran glaubt, dass es Wichtel gibt, wird sie auch nie zu Gesicht bekommen. Du kannst sie aber mit kleinen Geschenken locken. Und vielleicht lassen sie dir auch ein Geschenk da.

Manchmal kannst du sogar mit ihnen ins Wichtelland reisen ... Aber pssst! Das ist ein Geheimnis ...

Kapitel 1

Wie fängt man einen Wichtel – für Anfänger

»Habt ihr schon eure Wunschzettel fertig?«, fragte Mama. Vorsichtig klebte sie einen Keks ans Dach des Lebkuchenhauses.

In der Küche roch es herrlich nach Zimt und Schokolade. Sina liebte diesen Duft. Draußen prasselte Regen an die Scheibe.

»Ja klar!«, rief Paul. Sinas kleiner Bruder saß mit einer Krone auf dem Kopf am Tisch und naschte Zimtsterne.

In dem Krippenspiel, das sie mit ihrem Kinderchor aufführen wollten, war er einer der Heiligen Drei Könige. Sina sollte als Stern von Bethlehem ein Lied singen. Sie hatte sich total darüber gefreut, bis sie in der Probe den Text vergessen hatte. Alle hatten gelacht und es war echt peinlich gewesen. Sina bekam jetzt noch Bauchgrummeln, wenn sie daran dachte.

»Ich wünsche mir ein Fahrrad, eine Gitarre und ein Pupskissen.« Paul kicherte. »Das lege ich dem ollen Krautwurm vor die Tür. Der nörgelt immer, wenn ich die Treppe hochrenne oder Fußball spiele.«

»He!« Mama stupste ihm Puderzucker auf die Nase. »Wir spielen keine Streiche, auch grummeligen Nachbarn nicht. Seid nett zu dem alten Herrn Krautwurm.«

»Dürfen wir eine Kerze ins Fenster stellen?«, fragte Paul. »Um einen Wichtel anzulocken?«

»Wir könnten auch eine Einladungskarte basteln«, schlug Sina vor. »Dann weiß der Wichtel, dass wir uns auf ihn freuen.«

»Gute Idee!«, sagte Mama.

Sina holte die Bastelsachen und schnitt eine Karte aus Pappe.

Darauf klebte sie Eisstiele als Tür, die sie rot und weiß anmalte. Zum Schluss zeichnete sie noch eine Girlande, an der kleine Sterne glitzerten. In ihrer schönsten Schrift schrieb sie »Herzlich willkommen«.

Paul dekorierte mit Mama inzwischen die Fensterbank im Wohnzimmer. Inmitten von Zweigen und Zapfen stellte er eine LED-Kerze, die lustig flackerte. Sina legte die Karte daneben. Verwundert beobachtete sie, wie Paul Puderzucker um die Kerze streute und ein Mandarinennetz am Boden unter der Fensterbank spannte.

»Was soll das?« Sina zupfte an dem Netz.

»Das ist meine Wichtel-Falle«, erklärte Paul und bezuckerte auch noch den Boden. »Bei der Landung rutscht der Wichtel im Puderzucker aus, stolpert von der Fensterbank und fällt ins Netz. Dann kann ich beweisen, dass es Wichtel gibt.«

»Echt jetzt?« Sina kratzte sich an der Nase. »Wenn du den Wichtel fängst, wird er garantiert so zitronensauer auf dich wie Herr Krautwurm.«

»Bestimmt nicht.« Paul klipste eine Glocke ans Netz. »Wenn es bimmelt, komme ich angeflitzt, mach schnell ein Foto und hole ihn aus dem Netz. Dann ist er mir total dankbar, weil ich ihn befreit habe.« Zufrieden hüpfte Paul in sein Zimmer.

Wenig später war aus dem Wohnzimmer ein Klingeln zu hören. Als Sina und Paul angerannt kamen, zuppelte sich Mama das Netz vom Fuß und zog eine Grimasse.

»Haha, du hast eine Riesenwichtelin gefangen.« Sina lachte.

»Ja, die Falle funktioniert«, freute sich Paul. Rasch baute er das Netz wieder auf.

Später beim Einschlafen dachte Sina fest an ihren Wunsch. Am allerliebsten wollte sie einen Hund haben, zum Spielen und Spazierengehen. Aber das war schwierig. Müde fielen ihr die Augen zu.

Mitten in der Nacht wachte sie auf, weil irgendetwas bimmelschepperte. Dann machte es *rums*.

Sinas Herz schlug schneller. Ob Mama sich wieder im Netz verfangen hatte? Oder war tatsächlich ein Wichtel in die Falle getapst? Neugierig stand Sina auf und spähte in den dunklen Flur …

Kapitel 2

Nächtlicher Besuch

»Ach du grüne Tannennadel!«, schimpfte eine leise Stimme.

»Paul?«, flüsterte Sina. »Alles in Ordnung?«

Jemand zog an Sinas Ärmel. »Hast du das auch gehört?«

Sina zuckte zusammen. »Paul!«, zischte sie. »Mensch, hast du mich erschreckt.« Sie atmete erleichtert aus. »Ich glaube, Mama hat sich wieder in deinem Netz verfangen.«

Auf Zehenspitzen schlichen die Geschwister durch den Flur. Aus Mamas Zimmer kam Geschnarche. Paul sah seine Schwester mit großen Augen an und zog sie weiter ins Wohnzimmer. »Ich hab's dir gesagt!«, wisperte er.

Und tatsächlich – auf dem Boden verliefen winzige Schuhtapser durch den Puderzucker! Daneben zog sich

eine längliche Spur wie von Skiern. In der Wand entdeckten die Kinder eine winzige Tür knapp über der Fußbodenleiste, die genauso aussah wie die auf der Wichteleinladungskarte: weiß-rot, aus Eisstielen, mit einer kleinen Girlande.

Sina rieb sich die Augen. Sie konnte nicht glauben, was sie da sah. Ein winziger Junge, nicht größer als ein Handschuh, stand vor ihr und klopfte sich Puderzucker von der Hose. Neben ihm putzte sich eine Schnecke die puscheligen Fühler. Ihr braun-weißes Häuschen glitzerte leicht.

»Wo-wo-wo kommst du denn her?«, fragte Sina.

»Komische Frage«, antwortete der winzige Junge. »Natürlich durch den Eingang.« Er zeigte auf die Tür an der Wand. »Das Wichtellicht hat uns zu euch geführt. Ich habe sofort gewusst, dass ihr uns helfen wollt, als ich die Einladung entdeckt habe. Zum Glück seid ihr wichtelsichtig. Das sind nicht mehr viele Menschen. Ihr wollt mir doch helfen, oder?«

»Äh, ja.« Sina nickte eifrig. Wann begegnete man schon mal einem echten Wichtel! Klar, dass sie ihm helfen würden.

»Großartig!« Der Knirps machte einen Freudenhüpfer. »Vielleicht werde ich dann endlich zum Weihnachtswichtel befördert.« Er verbeugte sich kurz. »Ich bin übrigens Ole Knacknuss. Winterwichtel aus der Familie der Winter-Vanillewichtel und zuständig für Düfte und Weihnachtssterne. Aber erzählt das nicht weiter. Mein Name muss geheim bleiben, denn ich suche mir gern selbst aus, wer mich rufen darf.« Er grinste breit. »Sind eure Namen auch geheim?«

»Äh, nein«, stammelte Sina. Sie setzte sich auf den Fußboden, um Ole höflich den Finger reichen zu können. Er schüttelte ihn. »Ich bin Sina. Und das ist Paul, mein Bruder. Wir sind … äh … zuständig fürs Baumschmücken.«

»Und fürs Plätzchenmampfen!« Paul wedelte mit einem Keks.

»Ah, alles sehr wichtige Tätigkeiten.« Ole zeigte auf das Netz. »Es war übrigens sehr umsichtig von euch, ein Flugauffangnetz zu spannen. Ich hätte nicht gedacht, dass der Portaltürenwirbel so viel Schwung gibt.«

»Ja, das war ganz allein meine Idee.« Paul schaute triumphierend zu Sina.

»Die Puderzucker-Landebahn indes war glatt wie Gletschereis. Lumi hätte sich beinahe die Fühler verstaucht.«

»Das tut uns leid«, sagte Sina. »Wir kennen uns nicht aus mit – äh – Wichtelschnecken.«

»Das glaube ich gern.« Ole grinste breit. »Lumi ist ja auch die einzige und beste Zimtschnecke aus der Familie der Rennsemmeln, die ich kenne.«

Lumi gab ein Gurren von sich; ihr Häuschen glitzerte heller.

»Gut«, sagte Ole. »Wo versteckt sich der Dieb? Ist es ein Troll?«

Kapitel 3

Ein winzig großes Rätsel

»Welcher Dieb?« Sina schwirrte der Kopf.

»Na, der, den wir finden müssen!« Aufgeregt lief Ole vor der Wichteltür auf und ab. »Aber verratet bloß niemandem, dass Weihnachten in Gefahr ist. Sonst geraten die Menschen in Panik, und dann haben wir den Lammettasalat.«

»Weihnachten ist in Gefahr?«, rief Paul. Vor Schreck wischte er einen Tannenzapfen von der Fensterbank, der geräuschvoll über den Boden kullerte.

»Siehst du, da haben wir es schon.« Oles Gesicht verknitterte vor Sorge.

»Pscht!«, zischte Sina. Sie spitzte die Ohren. Hoffentlich war Mama nicht aufgewacht.

»Es ist so eine Durcheinanderlichkeit!« Ole fuchtelte wild mit den Händchen. Mit gesenkter Stimme sagte er: »Ich habe den Verdacht, dass ein Troll hinter all dem steckt, und das wäre eine verwünschte Katastrofiesheit. Deshalb hat mich der Portaltürenwirbel bestimmt zu euch gebracht.« Er flüsterte weiter: »Damit ihr mir helft. Um die Trolle ranken sich die fürchtergruseligsten Legenden. Uaaah!«

Der Wichtel schüttelte sich und Lumi schüttelte ebenfalls ihre Fühler. »Seit Jahren treiben sie in der Weihnachtszeit Unfug. Watzl, der Schreckliche, zum Beispiel, pustet Kerzen aus und schleudert giftige Popel-Bälle. Und Poldi, der Grüne, kann mit einem Nieser eine Schneelawine auslösen. Wenn er singt, zerbersten alle Weihnachtskugeln. Pauh!«

Ole klatschte und Sina zuckte zusammen. Erwartungsvoll schaute Ole sie an. »Und wie lautet nun euer Plan?«

»Welcher Plan?«, fragte Paul.

»Oh, du goldene Glitzerkugel, ihr habt keinen Plan? Ihr wisst nicht, wer der Dieb ist oder wo sich die Weiß-Bescheid-Liste versteckt? Aber wieso hat mich das Portal dann zu euch geleitet? Die Magie irrt nie …« Ole tigerte im Kreis und verströmte dabei Vanilleduft.

»Oje, oje, schon bald werden die Menschen den Advent vergessen«, jammerte er. »Die Kerzen, die Geschenke und ganz zum Schluss auch Weihnachten. Und dann wird es auch uns nicht mehr geben. Und ich werde wohl nie Weihnachtswichtel werden.« Eine glitzernde Träne rollte über seine Wange und plumpste auf den Boden. Lumi legte ihm einen Fühler auf den Arm und gurrte leise.

»Nicht weinen«, tröstete Sina. »Wir wollen dir ja helfen!«

Ole hob den Kopf. »Ehrlich? Das ist ja wunderweihnachtlich und sehr mutig!« Er schnäuzte sich die Nase, und plötzlich duftete es nach Schokolade und Zimt. »Kakao-lichsten Dank.«

Lumis Häuschen funkelte und sie wackelte mit den Füh-lern.

»Was ist das für eine Liste, die du suchst?«, fragte Sina.

»Die wunderwichtelige magische Weiß-Bescheid-Liste. Darauf stehen alle Namen der Kinder und ihre Wünsche.«

»Auch unsere?«, fragte Paul.

»Ja, sicher.« Ole nickte heftig. »Ohne die Liste weiß der Weihnachtsmann nicht, wohin er die Geschenke bringen soll.«

Lumi gab ein Blubbern von sich.

»Du hast recht«, sagte Ole. »Wir sollten uns beeilen.«

Zu Sina und Paul gewandt, meinte er: »Den Rest erkläre ich euch in der Weihnachtswerkstatt. Von dort ist die Liste nämlich verschwunden. Kommt mit!« Ole stiefelte zielstrebig auf die Wichteltür zu.

»Und wie soll das gehen?«, fragte Paul verwundert und zeigte auf die winzige Tür. »Da passen wir doch niemals durch!«

Kapitel 4

Puderzuckermagie

Ole betrachtete nachdenklich erst die winzige Tür, dann Sina und Paul. »Stimmt, ihr seid ziemlich groß. Ich werde euch wohl schrumpfen müssen.«

»Schrumpfen?« Sina riss die Augen auf.

»Das ist lamettaleicht«, meinte Ole. »Ihr müsst nur einen Keks essen. Die Puderzuckermagie wirbelt uns dann klingglöckchenschnell nach Wichtelfingen.«

»Einverstanden!«, krähte Paul und schlug mit seinem kleinen Finger in die Wichtelhand ein.

Lumi wackelte aufgeregt mit den Fühlern und gurrte leise.

»Oh ja, du hast recht, Lumi«, sagte Ole. Sein Blick heftete sich auf Sinas und Pauls Füße. »Ihr braucht Schuhe. Es ist nicht so angenehm, barfuß durch den Schnee zu stapfen.«

Ole machte eine schnelle Handbewegung, und gleich darauf hatten Sina und Paul Mützen, Schals und dicke Pullover über den Schlafanzügen an. Ihre Füße steckten in warmen Stiefeln.

»Gut, dann kann es ja losgehen.« Ole rüttelte an der Wichteltür. »Nanu, warum geht sie denn nicht auf?« Er schlug sich an die Stirn. »Natürlich, wir müssen erst noch ein Rätsel lösen. Tür, enthülle dein Geheimnis.«

Ein Rauschen ertönte und winzige goldene Buchstaben malten sich über der Tür in die Luft. Ole kniff die Augen zusammen und las. »*Was kann fliegen, doch es wird zu Wasser, sobald du es berührst?*«

»Puh, ganz schön knifflig«, sagte Paul.

»Allerdings«, bestätigte Ole und rieb sich übers Kinn.

Sina hingegen strahlte übers ganze Gesicht. »Ich weiß die Lösung!«, rief sie. »Eine Schneeflocke.«

Die Tür sprang knarzend auf.

Ole klatschte begeistert in die Hände. »Du bist eine fabulösige Rätselnussknackerin!«, freute er sich.

Sina kniete sich auf den Boden und lugte durch die Öffnung. Zu ihrem Erstaunen kam hinter dem Holz, dort, wo eigentlich die Wand sein sollte, ein wirbeliger geflochtener Strudel zum Vorschein, der in allen Regenbogenfarben schillerte.

Ole musterte die bunten Stränge, die wie Rutschen aussahen. »Unsere Portalbahn ist die blaue«, sagte er. Lumi gurrte zustimmend. »Also dann. Seid ihr bereit?«

»Bereit!«, rief Paul.

Sina starrte in den funkelnden Wirbel. »Bereit«, flüsterte sie.

Ole zog einen Keks aus der Tasche. »Hier, bitte.«

Der Keks sah lecker aus, doch bei dem Gedanken zu schrumpfen, zitterten Sinas Beine wie Wackelpudding.

Paul schien mutiger zu sein. »Mmh, schmeckt naf Schokolade«, sagte er mit vollem Mund.

»*Minke, Manke, schrumpelfichtel, Menschlein werden klein wie Wichtel. Minke, Manke, Glitzerschnee, bring uns nach Wichtelfingen am Frostigsee*«, flötete Ole. Mit Schwung schleuderte er eine Wichtelhand voll Puderzucker in die Luft.

Sina musste niesen, dann biss sie rasch in den Zauberkeks.

Sie griff nach Pauls Hand und spürte, wie die Möbel um sie herum wuchsen. Der Schrumpfzauber wirkte. Ole war nun nur mehr ein paar Zentimeter kleiner als sie und Lumi erschien ihr fast so groß wie ein Pony.

»Steigt auf die Rennsemmelbank, bitte sehr!« Ole zeigte auf Lumis Rücken, wo eine kleine Bank befestigt war. Nachdem alle aufgestiegen waren, lenkte er seine Zimtschnecke mit einem »Juchhu!« durch die Wichteltür, die leise hinter ihnen zuschlug.

Gleich darauf fühlte Sina sich, als wenn sie durch eine Waschmaschine geschleudert würde. Die bunten Lichtwirbel wurden immer größer und umhüllten sie wie bunter Nebel. Immer schneller und schneller rutschten sie auf dem blauen Lichtstrahl entlang. Ihr wurde schwindelig und in ihren Ohren rauschte es. Kurz hatte sie das Gefühl zu fliegen.

Sina schloss die Augen.

Kapitel 5

Bunte Schneeflocken

»Wir sind da!«, rief Ole.

Sina spürte einen Ruck. Dann spuckte der Lichtwirbel sie aus, mitten hinein in eine watteweiße Winterlandschaft. Am Horizont schimmerten blaue, grüne und rosa Polarlichter.

Sie standen in einem Wald. Schneeflocken tanzten vor Sinas Gesicht und die Äste der Bäume glitzerten frostweiß. Unter Sinas Füßen knisterte Schnee. Und hingen da nicht Sterne an den Zweigen?

»Ganz schön kalt bei euch im Wichtelland«, meinte Paul. Er zog den Schal enger.

»Ja, ist das nicht wichtelwunderlich?« Ole fing eine Schneeflocke mit der Zunge auf. »Mmh, Mandarine. Lecker.«

»Die Schneeflocken haben Geschmack?« Sina streckte nun ebenfalls die Zunge raus. »Oh, schokoladig!«

»Mmh. Bei mir schmeckt's nach Zimtapfel«, sagte Paul.

»Ja, das ist die Magie des Weihnachtswalds«, erklärte Ole. »Bis zur Weihnachtswerkstatt ist es nicht mehr weit.« Irgendwo knackte ein Zweig. Ole zuckte zusammen. »

»Glaubst du, der Dieb versteckt sich hier irgendwo?«, fragte Sina. Sie hatte das Gefühl, als ob jemand sie beobachtete.

Ole schüttelte den Kopf. »Wo die Trolle leben, weiß kein Wichtel. Man sagt sich bloß seit Urwichtelzeiten, dass sie miesepampelig und gemein sind und fröhliche Weihnachten hassen. Deshalb glaube ich auch, dass ein Troll die Weiß-Bescheid-Liste geklaut hat.«

Beim Gedanken, dass ihnen ein Troll auflauern könnte, bekam Sina wieder dieses felswummernde Sorgegefühl. Lumi schien das zu merken, denn die Schnecke gurrte leise und ihr Häuschen glitzerte plötzlich stärker. Eine Woge der Wärme durchflutete Sina, bis wieder ein Zweig knackte. Gleich darauf rieselte Schnee auf sie herab und Sina schaute nach oben. »Was ist das?«, fragte sie erschrocken.

Im Geäst über ihnen hüpften kleine weiße Tiere mit buschigen Schwänzen herum und musterten sie mit großen Kulleraugen.

»Oh, offenbar ist das ein Schlafbaum der Frostwuselwiesel«, sagte Ole.

Ein Wiesel huschte den Stamm herunter und zupfte neugierig an Sinas Haaren. »Hallo!«, grüßte sie und strich zaghaft das wuschelig weiche Fell des Tiers. Ein anderes Wiesel gesellte sich dazu und quiekte aufgeregt.

Ole lauschte. »Ah. Oh. Ja, natürlich.«

»Was sagt es denn?«, fragte Paul.

»Es bittet um Hilfe. Die Sterne an den Bäumen erlöschen immer wieder. Die Weihnachtslichtermagie scheint defekt zu sein.« Der Wichtel griff in seine Tasche und holte etwas Puderzucker heraus. Dann hob er einen dürren Ast vom Boden auf, bestreute ihn damit und gab ihn dem Wiesel. »Hier, damit solltest du die anderen Sterne entflammen können.«

Das Wiesel quiekte und huschte davon. Das andere Wiesel drückte Sina eine Nuss in die Hand.

»Danke!«, sagte sie.

»Wir müssen uns beeilen«, meinte Ole, mehr zu sich selbst. »Die Weihnachtsmagie wird schon schwächer.«

Alle kletterten wieder auf den Rücken der Zimtschnecke, dann wackelte Lumi mit den Fühlern und schnellte über den schneebedeckten Boden. Sina kam es so vor, als würde sie mit einem Schlitten einen Berg hinabsausen. Hui, das war lustig!

Kurz darauf stoppte Lumi an einem Ufer mit hohem Schilf.

»Oje, der See«, stöhnte Ole. »Den habe ich völlig vergessen. Wir müssen ihn gefrieren, um ihn überqueren zu können. Dafür brauche ich das Losungswort. Wie war es noch gleich? Zimtstern, Vanillekringel? Ach herrje, ich habe es vergessen …« Oles Nase wurde bratapfelrot.

Sina hatte Mitleid mit dem Wichtel. Sie ahnte, wie er sich fühlte. Als sie sich nicht mehr an den Text ihres Liedes erinnern konnte, war ihr auch prickelwarm geworden. »Vielleicht können wir den See umrunden?«

»Nein, das geht nicht«, antwortete Ole. »Auf dem See liegt ein Zauber. Er beschützt Wichtelfingen vor unerwünschten Eindringlingen. Ohne das Losungswort kommen wir nicht durch.« Nun war nicht nur Oles Nase rot, sondern sein ganzes Gesicht.

»Es fällt dir sicher gleich ein!«, sagte Sina. Sie ergriff Oles Hand und drückte sie leicht. Wind frischte auf und strich durch das Gras. Die braunen Röhren des Schilfs bogen sich zur Seite.

»Boah!«, rief Paul. »Was ist das denn?«

Kapitel 6

Schneeballgewitter

Im Schilf stand ein Wächter in blauer Uniform, der ziemlich starr auf den See hinausblickte.

»Das ist Rudi Nussknacker.« Ole legte einen Finger auf die Lippen. »Psst! Noch hat er uns nicht entdeckt.«

Sina und Paul schauten sich verwirrt an. Da flogen ihnen plötzlich Schneebälle um die Ohren.

»Halt, keinen Schritt weiter, Eindringlinge!«, rief der Wächter und drehte sich mit knirschenden Gelenken um. Ein weiterer Schneeball lag in seiner Hand. »Nennt das Losungswort!«

»In Deckung!«, rief Ole. Rasch flitzten Sina und Paul hinter einen Baum, während ihnen unablässig Schneebälle um die Ohren flogen. »Klebrige Zuckerstange!«, schimpfte er.

»Richtig!«, erwiderte der Nussknacker und ließ die Arme sinken.

Das Schneeballgewitter hörte auf und der Wächter erstarrte, allerdings war der See immer noch nicht gefroren.

Ole wühlte aufgeregt in seinen Taschen. »Ach du grüne Tannennadel, ich habe keine Nuss mehr. Ohne Nuss gefriert Rudi den See nicht.«

»Ich habe eine!«, sagte Sina. Sie gingen hinüber zu dem hölzernen Wächter, und Sina steckte die Nuss, die ihr das Frostwuselwiesel geschenkt hatte, zwischen Rudis Zähne.

Die Schale knackte laut. »Mmh, lecker!«, schmatzte der Nussknacker.

Ein Rauschen und Knirschen ertönte und die plätschernden Wellen des Sees gefroren zu einer spiegelglatten Fläche.

Vorsichtig tippte Sina mit einem Fuß auf das Eis. »Ist das auch sicher?«, fragte sie.

»Oh ja!«, antwortete Ole. »Das ist Zaubereis. Das hält garantiert jeden Wichtel.« Er blickte zu dem Nussknacker. »Allerdings nur, bis Rudi die Nuss geknabbert hat, dann wird das Eis erneut zu Wasser. Wir sollten uns besser beeilen.«

Er stieg auf Lumis Rennsemmelbank, Sina und Paul setzten sich neben ihn und die Schnecke flitzte los.

»Waaah!«, rief Sina und hielt sich an ihrem Bruder fest.

Fast wäre sie von Lumis Rücken gerutscht, doch die wilde Fahrt machte auch mächtig Spaß. Die Zimtschnecke brachte sie sicher über den gefrorenen See.

Danach ging es weiter über eine verschneite Wiese. Dort

standen ein Rentier, ein Igel, ein Vogel, ein Wildschwein und ein Frosch und sangen Weihnachtslieder.

»*Oh Kannenbaum, oh Kannenbaum, wie groß sind deine Tassen*«, schallte es durch den Wald. »*Leise pieselt die Fee auf den graugelben Schnee …*«

»Das ist ja zum Fliegenmelken! Schon wieder falsch«, quakte der Frosch. »Streng dich an, Pieks. Der Weihnachtsmann zählt auf uns.«

»Ich kann mich nicht erinnern, wie der Text lautet«, jammerte der Igel. »War es jetzt Fee oder Tee?«

»Nein, es war Klee!«, erwiderte das Rentier. »Ich mag Klee.«

»Falsch, falsch, falsch. Es heißt Gelee oder See.« Der Vogel schlug mit den Flügeln.

»Nun reißt euch mal zusammen, so schwer ist das doch nicht«, grunzte das Wildschwein. »Oder sollen uns die Wichtel den Text an den Himmel malen?«

»Oje!«, brummte Ole. »Der Weihnachts-Chor versingt sich sonst nie! Überall lässt die Weihnachtsmagie nach!«

Sina seufzte. Vielleicht sollte auch ihr jemand den Text für ihr Sternenlied an den Himmel schreiben. Zum Glück hatte sie noch Zeit fürs Auswendiglernen.

Wenig später gelangten sie in ein Dorf.

»Willkommen in Wichtelfingen!« Ole breitete die Arme aus.

Neugierig schaute Sina sich um.

Um einen Marktplatz drängten sich bunte Häuser, die mit Lichterketten geschmückt waren. Die Dächer wirkten wie Sahnehäubchen auf einem Muffin und hatten Nummern wie bei einem Adventskalender. Auf dem größten Haus prangte die Nummer 24. In der Mitte des Platzes stand ein riesiger, mit Engeln, Kugeln und Sternen geschmückter Tannenbaum.

Lumi hielt gurrend vor dem großen roten Haus mit der Nummer 24. Es hatte ein Lebkuchendach und die Fassade war mit Kringeln, Herzen und Zuckerstangen verziert.

Ole stieg ab. »Kommt mit, ich stelle euch dem Weihnachtsmann vor.« Stolz lag in seiner Stimme, als er die Tür öffnete.

Kapitel 7

Versunken im Geschenkechaos

»Oha, was für ein Durcheinander!«, rief Paul.

»Ups!« Sina wich gerade noch rechtzeitig einem großen roten Paket aus, das auf sie zuschwirrte.

»Tür zu!«, rief jemand. »Sonst hauen sie ab.«

Sina schaute sich um. Um sie herum türmten sich Landkarten auf Tischen und Stühlen, auf einem Podest vor einem Fenster war ein Fernrohr aufgebaut und in einer Ecke ragte ein riesiger Tannenbaum auf.

Mehrere Wichtel jagten Spielzeugtieren und Lebkuchenfiguren hinterher, die über den Boden kullerten oder einen Geschenkeberg erklommen, der sich vom Boden bis zur Decke auftürmte.

Ein gleichmäßiges *Ratter-tsch-pada-tsch-pada* erfüllte die Luft. Es kam von einer großen Maschine, die in der Mitte des Raums stand. Aus einem Trichter purzelte ein Geschenk nach dem anderen und fuhr über ein Laufband, wo sich – *ratschpatsch* – gestreiftes Geschenkpapier und bunte Schleifen von verschiedenen Rollen wie durch Zauberhand um die Kisten wickelten.

Anschließend landeten die Päckchen mit etwas Glück in einem der vielen Körbe, die mit Ländernamen beschriftet waren. Viel öfter aber schossen sie quer durch das Zimmer. Ein Geschenk flog besonders weit und fegte eine Glitzerkugel vom Tannenbaum, die scheppernd zerbrach.

Hinter der Maschine lugte ein Po in roter Hose hervor. Ein leises *Klink-klonk* von Werkzeug verriet, das dort offenbar jemand etwas reparierte.

Ein Wichtel versuchte, eine Schleife zu bändigen, die sich ständig um ihn herumschlängelte, und stieß dabei gegen Ole.

»He!«, rief er Ole zu. »Steht hier nicht im Weg herum.«

»Die Pakete sind ja magisch«, wunderte sich Paul.

»Aber natürlich! Sonst könnten wir sie nicht transportieren«, sagte eine helle Stimme hinter ihnen.

Erschrocken fuhren sie herum. Vor ihnen stand eine Wichtel-

frau mit roter Mütze. »Was machst du hier, Ole Knacknuss? Hast du nichts zu tun?«

»Ich bin in einer wichteligen Mission unterwegs, Lene Kringel.«

»Weißt du nicht mehr, was passiert ist, als du uns das letzte Mal helfen wolltest? Du hast uns beinahe die Weihnachtsküche abgefackelt!«

Lumi legte die Fühler schräg und knurrte leise. Ihr Häuschen glitzerte dunkelrot. Eine kleine Zimtwolke stob von ihr auf und der Duft hüllte sie ein.

»Schon gut, meine Kleine«, sagte Ole und tätschelte der Zimtschnecke den Kopf. An Lene gewandt, meinte er: »Das lag an dem neuen Rezept. Ich konnte ja nicht ahnen, dass die Kichererbsen explosiv sind.«

Die Wichtelfrau verschränkte die Arme. »Wir Weiwis haben hier auch ohne dich schon genug Chaos, seit die Weiß-Bescheid-Liste verschwunden ist. Du solltest den anderen Wiwis helfen, den Wald einzufrosten. Nur wenn es bei uns kalt genug ist, kann es auf der Erde schneien.«

»Hey, du machst den Schnee?« Paul bekam große Augen. »Darf ich dir dabei helfen?« Er griff in eine Schale, die neben ihm auf einem Tisch stand, und knusperte einen Keks.

»Pff, Schnee machen ist anstrengend«, sagte Ole. »Man muss die Flocken aus gefrorenen Wassertropfen häkeln und darf nur ganz wenig Zauberglitzerpulver verwenden. Und es darf nicht zu warm sein. Oder zu kalt. Außerdem haben wir Wichteligeres zu tun.« Ole beugte sich ganz nah zu Lene. »Sina und Paul können uns helfen, die Liste zu finden. Die Portalmagie hat mich zu ihnen geführt.«

»Wirklich?« Lene musterte die Kinder eindringlich von Kopf bis Fuß. »Wie sollen ausgerechnet diese unmagischen Geschöpfe uns helfen können?«

Kapitel 8

Ein Unglück kommt selten allein

Sina wurde unter Lenes Blick ganz heiß. »Was sind Weiwis und Wiwis?«, fragte sie, um von sich abzulenken.

»Ein Wiwi ist ein Winterwichtel, im Gegensatz zu uns Weiwis, also Weihnachtswichteln«, erklärte Lene. Misstrauisch beäugte sie Lumi, die mit einem Fühler nach der Keksschüssel langte. »Nei-ein«, sagte sie und schob Lumis Fühler weg. »Ole, schaff besser deine Schnecke hier raus, bevor sie uns wieder die ganzen Plätzchen auffuttert.« Lene warf einen strengen Blick auf Paul, der sich verstohlen einen Krümel von der Lippe leckte.

»Wir sind hier, um die Liste zu finden, Lene«, meinte Ole. »Aber wir können euch gerne beim Aufräumen helfen – woohoo!«

Ein rundes Geschenk sauste mit Karacho auf ihn zu.

Ole duckte sich und griff nach dem herunterbaumelnden Schleifenband, um das Geschenk festzuhalten. Das Paket stoppte in der Luft und zappelte und zog. Ole zog dagegen und der Wichtel und das Paket drehten sich beide im Kreis.

»Ole, niiicht!«, rief Lene noch. Doch da konnte Ole das Geschenk auch schon nicht mehr halten. Das Schleifenband entglitt ihm und das Päckchen sauste mit Schwung auf die Maschine zu.

Klonk!, machte es. Und »Wooooaaaaah, Hilfeeeee!«, brüllte eine tiefe Stimme.

»Ach du grüne Tannennadel!«, rief Ole.

Das Paket hatte den Maschinenmechaniker am Po getroffen und ihn in den Trichter der Maschine geschubst.

Umständlich versuchte er, sich wieder zu befreien, und wedelte dabei mit Armen und Beinen.

Sina erkannte einen langen Bart und einen roten Anzug. Außerdem war dieser Wichtel viel größer als die anderen. »Ist das … der Weihnachtsmann?«, fragte sie verblüfft.

»Nun schau nur, was du wieder angerichtet hast, Ole Knacknuss«, schimpfte Lene. »Schnell, wir müssen Niklas helfen!« Jammernd lief sie los. »Oje, oje, was ist das nur für ein Fest. Erst keine Weiß-Bescheid-Liste und nun auch kein Weihnachtsmann mehr!«

»Die Geschenkemaschine hat den Weihnachtsmann verschluckt?«, rief Paul verdattert. Aufgeregt stürzte er mit den anderen zu dem riesigen Gerät.

Inzwischen war der Weihnachtsmann komplett im Trichter verschwunden. Die Maschine spauzte und speuzte, dann blähte sie sich auf und spuckte jede Menge goldenen Glitzer aus. Gleich darauf kam der Weihnachtsmann hübsch verschnürt mit gelber Schleife auf dem Transportband auf der anderen Seite wieder herausgefahren und plumpste in einen der Körbe. Er glitzerte überall.

»Niklas, geht es dir gut?« Lene streckte die Hand aus, um ihm aus dem Korb zu helfen.

»Jaja, alles bestens«, ächzte der Weihnachtsmann. »Zum Glück ist die Maschine magisch.« Sein weißer

Rauschebart wirkte flauschig, doch seine Haare sahen zerrauft aus.

»Tut mir leid!«, sagte Ole geknickt. »Das war keine Absicht! Ich wollte dich nicht treffen. Das Geschenk …«

Der Weihnachtsmann seufzte. »Schon gut. Ich weiß. Die Päckchen sind im Moment etwas eigenwillig.« Mit einem Ratsch zupfte er sich das Geschenkpapier vom Körper. Die Schleife thronte nach wie vor wie ein Haarband auf seinem Kopf.

»Was machst du hier, Winterwichtel Ole?«, fragte er. »Und wer seid *ihr* eigentlich?« Sein Blick heftete sich auf Sina und Paul. »Wie Wichtel seht ihr nicht aus.«

Oles Mütze wackelte aufgeregt. »Ich habe die beiden mitgebracht, weil sie die weltbesten Rätselnussknacker sind. Die Portalmagie hat mich zu ihnen geführt. Sie wollen uns helfen, das Rätsel um die Weiß-Bescheid-Liste zu lösen.«

Sina verspürte ein kulleriges Felsbrockengefühl im Bauch. Ob Ole da mal nicht zu viel versprach!

Kapitel 9

Die wundersame Flotte Lotte

»Hm«, sagte der Weihnachtsmann. »Das wäre gut. Ohne die Weiß-Bescheid-Liste finden die Päckchen ihr Ziel nicht.«

»Auf der Liste steht also, welches Geschenk für welches Kind bestimmt ist?« Sina machte große Augen.

»Ganz genau. Ohne die Liste kann unsere Flotte Lotte 3000 die Päckchen nicht sortieren.« Der Weihnachtsmann tätschelte fast liebevoll den Trichter der magischen Maschine, die daraufhin leise schniefte und ächzte. »Leider ist Lotte heute ziemlich widerspenstig. Sie ist wütend wegen der verschwundenen Liste und lässt sich nicht ausschalten, nicht mal mit ihrem Lieblings-Schrauben-schlüssel.« Er seufzte. »Ich habe schon versucht, sie mit einem Glas Öl und Weihnachtswunderpulver zu beruhigen, aber das hat nur die Geschenke zum Fliegen gebracht.«

»Wie funktioniert die Maschine denn?«, wollte Paul wissen.

»Oh, nun ja.« Der Weihnachtsmann strich sich durch den Bart. »Zuerst werden die geschriebenen und gemalten Wunschzettel von den Wichteln eingesammelt, danach entschlüsselt und dann an unsere Flotte Lotte 3000 verfüttert.« Er deutete auf verschiedene große Säcke, aus denen Briefe herausquollen.

»Das Entschlüsseln ist ganz schön schwierig«, warf Lene ein. »Dafür braucht es Schrift- und Bilderexpertinnen wie mich.«

Niklas zeigte auf einen Trichter an der Seite der Geschenkemaschine. »Ich streue unser geheimes Gewürz-duft-Wunderpulver hier hinein. Danach geben die Wichtel durch diese Rollen Geschenkpapier und Schleifen hinzu, und schwups kommen die Geschenke über das Förderband heraus.«

»Und dann kommt das Wichtigste.« Ole baute sich vor Sina und Paul auf. »Die magische Feder erstellt die Weiß-Bescheid-Liste. So kann die Flotte Lotte die Geschenke den Kindern zuordnen und sie fallen in die richtigen Länder-Körbe. Die Weiwis und Rentiere verteilen die Geschenke in die Häuser.«

»Ich dachte, *du* verteilst die Geschenke!« Sina staunte.

»Also, wirklich, nein.« Der Weihnachtsmann lachte. »Das wäre ja zu viel für einen allein, nicht wahr? Die Wichtel helfen mir, und natürlich meine Brüder und meine Schwester.« Er deutete auf eine Reihe von Porträts auf dem Kaminsims.

»Schwester?«, fragte Paul verwirrt.

»Ja, Befana ist für Italien zuständig. Es gibt zum Glück viele unterschiedliche Traditionen. Das kann einer allein gar nicht schaffen.« Er fasste sich an den Rücken. »Und meine Knochen knirschen und knacken. Ich bin nicht

mehr der Jüngste. Ohne die Wichtel wäre ich aufgeschmissen.«

Ole streckte die Brust raus. »Oh ja, die Weihnachtswichtel sind zuckergussstark. Sie verbreiten schon im Advent jede Menge Weihnachtsstimmung.« Sein Blick wurde sehnsüchtig. »Ich wäre auch so gern ein Weihnachtswichtel.«

»Dazu musst du die Prüfung bestehen«, sagte Niklas. »Vielleicht klappt es im nächsten Jahr.«

»Wo wurde die Liste denn aufbewahrt?«, fragte Sina.

»Hier!« Der Weihnachtsmann deutete auf ein goldenes Podest neben der Geschenkemaschine. Darauf stand ein großes Tintenfass. Eine Feder zuckte daneben hin und her, als warte sie darauf, endlich weiterschreiben zu können. »Wenn wir die Liste nicht finden, können ganz viele Geschenke nicht ausgeliefert werden.« Niklas machte eine ausholende Bewegung zu dem riesigen Geschenkeberg in der Ecke.

»Und das wäre eine echte Katastrofiesheit«, bekräftigte Ole.

Kapitel 10

Flugversuche

»Das wäre wirklich schlimm!«, fand auch Sina. Keine Geschenke zu Weihnachten, was für ein trauriges Fest!

Unwillkürlich musste sie an ihren Weihnachtswunsch denken: ein Hund, aber das war wegen Mamas Tierhaarallergie leider unerfüllbar. »Wer könnte die Liste vom Podest genommen haben?«, wollte sie wissen.

Der Weihnachtsmann kratzte sich am Bart. »Nun ja, ich, die Wichtel, die Rentiere … Es ist nicht abgeschlossen. Aber ich habe alle gefragt, niemand weiß etwas.«

»Vielleicht wurde sie nur verlegt, und jetzt traut sich niemand, das zuzugeben«, überlegte Paul.

»Niemals!«, sagte Lene bestimmt. »Wir Wichtel sind mutig und stehen für unsere Fehler ein.«

»War heute etwas anders als gewöhnlich?«, hakte Sina nach.

Der Weihnachtsmann nickte. »Nun ja. Als ich heute Morgen in die Werkstatt kam, hatte Lotte Schluckauf und Geschenke-Verstopfung. Beim Nachsehen habe ich diese Gurke aus ihrem Trichter gefischt.«

Er griff in die Keksschale und zog eine grüngelbe Essiggurke heraus. Glitzernde gelbe Streifen zogen sich über die Schale und sie war angebissen.

»Wir suchen also jemanden, der Gurken mag«, schloss Sina.

»Und der oberfies ist«, brummte Ole. Er senkte die Stimme und flüsterte: »Wie einen Troll!«

Der Weihnachtsmann machte ein strenges Gesicht. »Wir sollten niemanden verdächtigen, solange wir keine Beweise haben. Außerdem haben wir seit Jahren keinen Troll mehr gesehen, der uns mit seinen Streichen ärgert. Kein Girlandenklau, keine zerborstenen Weihnachtskugeln, keine Schleimbälle.«

Lumi reckte die Nase in die Luft und schnupperte.

»Riechst du was?«, fragte Ole. »Vielleicht einen murksgurkigen Dieb?«

Die Zimtschnecke drehte die Fühler wie Antennen und kroch dann auf den Weihnachtsbaum

zu. Dort gurrte sie leise. Ihr
Häuschen funkelte vor Auf-
regung.

»Was ist denn, meine Kleine?«, fragte Ole.

Paul knusperte nachdenk-
lich einen Keks, dieses Mal
einen mit einem Rentierge-
sicht.

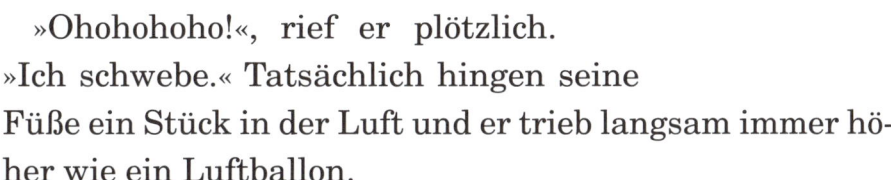

»Ohohohoho!«, rief er plötzlich.
»Ich schwebe.« Tatsächlich hingen seine
Füße ein Stück in der Luft und er trieb langsam immer hö-
her wie ein Luftballon.

»Oh nein, herrje! Du hast wohl die Flugkekse erwischt«,
rief Lene. »Die sind eigentlich für die Rentiere gedacht.«

Aufgeregt hüpfte sie unter Paul
herum und versuchte, sein Bein zu
schnappen, doch sie bekam es
nicht zu fassen. Paul schwebte
schon dicht unter der Decke.

»Pass auf, Paul«, rief Sina. »Stoß
dir nicht den Kopf.«

»Klar, das macht Spaß.« Paul
drehte einen kleinen Salto.

»Oho!«, sagte Ole. »Nicht schlecht
für einen Anfänger.«

»Schön, schön. Nun holen wir dich
aber mal runter.« Der Weihnachts-

49

mann schlang ein Stück Geschenkband zu einer Schleife und warf sie wie ein Lasso um Pauls Fuß.

»Moment …« Paul machte Schwimmbewegungen und steuerte auf den Tannenbaum in der Ecke zu. »Da hängt eine Nachricht!«

Kapitel 11

Eine Nachricht in Trollbatzisch

Paul fischte einen Zettel von der Spitze der Tanne. Dann zog der Weihnachtsmann ihn herunter.

»Hier, nimm einen Landekeks«, sagte Lene. Sie steckte Paul ein weißes Plätzchen in Tannenbaumform zu, das er sofort in den Mund schob. Mit einem Plumps landete er auf dem Boden.

»Gut gemacht!«, lobte der Weihnachtsmann.

Lumi gurrte aufgeregt und verdrehte die Fühler.

»Jaja, du hast den Brief auch entdeckt«, beschwichtigte Ole. »Du bist eben eine erstklassige Duftspürnase.«

Lumi schielte auf die Plätzchen und brummelte auffordernd. Der Weihnachtsmann hob jedoch einen Zeigefinger und wackelte damit vor ihrer Nase. »Oh, ich weiß, du möchtest auch gern fliegen. Aber du bist zu klein. Bedenke doch, wie übel dir nach dem Rentierflugkeks geworden ist.«

»Oh ja, du hast mich mit deinem Mittagessen vollgespuckt«, sagte Lene grimmig. »Es hat ewig gedauert, bis ich die Flecken von der Klettenschleimsuppe herausbekommen habe.«

Offenbar hat auch Magie ihre Grenzen, dachte Sina. »Was steht denn in der Nachricht?«, fragte sie.

Paul gab den Zettel an sie weiter.

»Verzauberlischster Weihnachtschmann, wenn du das liescht, habe ich deine Funkel-Rolle geholt. Du kannscht sie völlerleicht wiederhaben. Im Tausch gegen Eschiggurken. Mieschfiesche murksgurkliche Grüse Poldi Trollig, der Grüne«, las Sina vor.

»Das ist Trollbatzisch«, sagte der Weihnachtsmann. »Diese Sprache sprechen Trolle. Nun sind sie also doch zurück und spielen uns Streiche.« Er sank auf einen Stuhl.

»Ich sag jetzt nicht, ich hab es gesagt, aber ich hab es gesagt!«, triumphierte Ole. »Poldi, der Grüne, ist der Übelgetäter.« Lumi blubberte zustimmend.

»Dann besuchen wir diesen Poldi eben und holen die Liste zurück«, schlug Paul vor.

»Oh, aber niemand weiß, wo er wohnt«, gab der Weihnachtsmann zu bedenken. »Früher haben sich die Trolle gern im Fürchte-fichtenwald herumgetrieben. Aber wir haben sie schon seit Jahren nicht mehr gesehen. Und ich brauche alle Wichtel und Rentiere hier für die Vorbereitungen.«

»Wir suchen Poldi für dich«, sagte Sina. »Wir müssen nur wissen, wo wir anfangen sollen.«

»Ich mach uns mal einen Nachdenk-Kakao«, sagte Lene. Wenig später kam sie mit mehreren dampfen-den Tassen zurück.

Sina nippte an ihrem Kakao und der Weihnachtsmann nahm knackend einen Bissen von der Gurke.

Oles Gesicht leuchtete auf. »Moment mal! Diese Gurken sind ziemlich selten. Sie wachsen nur am Kratzbürstigen Fluss«, sagte er. »Irgendwo da muss die Trollhöhle sein.«

»Aber der Fluss ist lang«, gab Lene zu bedenken.

Sina dachte scharf nach. »Du hast doch gesagt, dass Lumi jeden Duft erschnuppern kann.«

»Ja, genau.« Ole tätschelte Lumi den Kopf. »Lumi ist die beste Spürschnecke überhaupt.« Die Zimtschnecke schmiegte ihre puscheligen Fühler in seine Hand.

»Könnte sie auch den Gurkenduft verfolgen?« Sina grinste.

»Oh, das ist eine fabulöse Idee!«, rief Ole begeistert. »Lasst uns gleich loslegen. Wo ist die Gurke?«

Der Weihnachtsmann blickte geknickt in die Runde. »Die habe ich gerade aufgegessen.«

Kapitel 12

Lumi, die Spürschnecke

»Du hast unsere einzige Spur aufgefuttert?«, rief Lene.

»Ja, tut mir leid.« Der Weihnachtsmann hob die Hände. »Was machen wir denn jetzt, so ganz ohne Gurke?«

»Mal sehen«, sagte Sina. »Wenn Lumi an deinen Händen und an dem Zettel schnuppert, schafft sie es vielleicht doch.«

»Oh, du bist so kugelschlau«, sagte Ole bewundernd.

Lumi gab ein zustimmendes Blubbern von sich. Sie kroch zu dem Zettel, wackelte mit den Fühlern und schnupperte daran. Dann schnüffelte sie an den Händen des Weihnachtsmanns.

Sie drehte die Fühler nach rechts, dann nach links und flitzte zur Tür.

»Viel Erfolg!«, wünschte Lene. »Und beeilt euch.«

Gemeinsam traten Sina, Paul und Ole ins Freie. Dort stiegen sie auf die Rennsemmelbank, und Lumi zischte los, in Richtung Wald und dann immer weiter zwischen die Tannen und Fichten hinein. Irgendwo sangen Vögel Weihnachtslieder, aber schrecklich schief. Sonst war nur das Rauschen der Blätter zu hören.

»Warum willst du denn ein Weihnachtswichtel werden?«, fragte Sina, um das Schweigen zu vertreiben.

»Oh, die Aufgaben der Weiwis sind so wunderwichtelig«, schwärmte Ole. »Sie leben in der Weihnachtszeit eine Weile bei den Menschenkindern. Dort dürfen sie für Weihnachtsstimmung sorgen, Glitzerlichter in die Wohnzimmerbäume setzen, Frostblumen zaubern und mit dem Weihnachtsmann die Geschenke verteilen. Allen, die vielleicht traurig sind oder ein Problem haben, versuchen wir zu helfen, damit sie wieder fröhlich werden können. Eure Welt ist so groß und aufregend und … anders. Ich will sie unbedingt erkunden.«

»Vielleicht solltest du mal unseren Nachbarn Herr Krautwurm besuchen. Der könnte auch ein wenig mehr Weihnachtsstimmung vertragen«, überlegte Paul. »Er ist so grummelig wie der Troll, von dem du erzählt hast.«

»Das geht leider nicht«, erwiderte Ole. »Wir Wichtel können nur Kinder besuchen. Große Menschen haben den Glauben an uns oft verloren. Sie sind nicht mehr wichtelsichtig.«

»Dann müssen *wir* wohl die Wichtel für Herrn Krautwurm sein«, sagte Sina. »Uns sieht er ja.«

»Das ist eine fantastulöse Idee«, befand Ole.

»Findet ihr diesen Wald nicht auch seltsam?«, fragte Paul. Er klammerte sich an Sina und schaute sich nervös um. Vorhin war alles still und friedlich gewesen. Nun wirkten die Bäume plötzlich dunkler, die Sträucher dorniger, der Himmel grauer und der Fluss, der neben ihnen strömte, wilder. Ein schauerliches Fauchen erfüllte die Luft.

»Was ist das?«, fragte Sina. Besorgt schaute sie sich um. »Gibt's hier Pumas?«

»Nein, das ist der Blatt-Gesang der Fürchtefichten«, sagte Ole. Er verzog das Gesicht. »Autsch, das tut weh!« Er hielt sich die Ohren zu. »Diese Bäume gibt es nur im Kratzbürstigen Wald. Die Trolle haben sie gepflanzt. Für uns Wichtel ist das Geräusch kratzig und piksig. Wir spüren es am ganzen Körper, als wären wir in Brennnesseln gefallen. Deshalb meiden wir den Teil des Waldes gewöhnlich.«

Er zog ein paar puschelige orange Ohrenschützer aus der Tasche und setzte sie auf. Der Duft nach Orangen breitete sich aus. »Warum Pfefferminzstangen an den Ästen hängen, weiß ich allerdings nicht«, brüllte er.

Wie zur Antwort schüttelten die Bäume Nadeln auf sie herab, die auf der Haut kribbelten wie Ameisen.

Schnell strich Sina sie weg. »Pscht! Nicht so laut«, raunte sie Ole zu und legte einen Finger an die Lippen.

Schweigend durchquerten sie den Wald. Lumis Fühler drehten sich unablässig, um nach Gefahren zu lauschen.

»Schaut mal, hier wachsen Gurken. Lumi, halt!« Sina kletterte von der Rennsemmelbank und tätschelte den Kopf der Zimtschnecke. »Toll gemacht, Lumi!«

Sie pflückte mehrere Früchte und steckte sie ein, in der Hoffnung, dass der Troll sie wirklich gegen die Liste einlösen würde, wie es in seinem Brief stand.

Kapitel 13

Verirrt oder doch nicht?

Eine Weile trug die Zimtschnecke sie weiter durch den dunklen Wald, doch irgendwann schnaufte sie und sie stiegen ab. Lumi brummte leise und wackelte mit den Fühlern.

»Ach herrje!«, sagte Ole. »Das ist nicht gut.«

»Was ist nicht gut?«, fragte Paul.

»Lumi hat die Gurkenduftspur verloren.«

Lumi ließ den Kopf hängen. Ein durchdringender Geruch nach Zimt breitete sich aus und ihr glitzerndes Häuschen verdunkelte sich.

»He, nicht traurig sein«, tröstete Sina. »Ohne dich hätten wir es gar nicht bis hierher geschafft.«

Lumi schmiegte sich an sie, warm und weich wie ein Schal. Vorsichtig streichelte Sina ihr über die puscheligen Fühler. Ach, wenn sie nur auch ein Haustier haben könnte!

»Und was machen wir jetzt?« Paul knabberte nervös an den Fingernägeln.

Ole holte einen Kompass aus der Tasche und drehte ihn von links nach rechts. »Wo war noch mal Norden, ach da. Aber lag der Fluss südlich, östlich? Hm, wenn es doch nur einen Wegweiser gäbe«, murmelte er.

»Vielleicht sollten wir jemanden fragen«, überlegte Sina.

»Und wen?«, fragte Paul. »Hier ist niemand und gar keiner.« Angestrengt lauschten sie in den Wald. Es knickte und knackte, irgendwo zwitscherte ein Vogel.

»Lasst uns ein Stück weitergehen«, schlug Ole vor.

Sie folgten Lumi, die ihnen eine Spur durch den knisternden Schnee bahnte. Irgendwann veränderte sich der Wald. Statt der schwarzstämmigen Fürchtefichten säumten nun kahlästige Sträucher und Eichen ihren Weg. Eiszapfen hingen von den Bäumen wie weihnachtliche Girlanden. Immer wieder entdeckten sie dazwischen weitere rote und grün-weiß geringelte Pfefferminzstangen an den Ästen.

Unvermittelt glaubte Sina, ein Knuspern zu hören. »Was war das?«, rief sie.

»Hä?«, brüllte Ole. Er zog die Ohrenschützer ab. »Ah, diese Stille!« Er grinste breit. »Endlich faucht keine Fürchtefichte mehr schmerzlich kratzig in meine Ohren.«

Wieder hörte Sina ein Geknusper und Geraschel, dieses Mal gefolgt von einem kläglichen Gejammer.

»Hu-hu-hu-hu! Buhuwaha!«, heulte jemand.

Paul klammerte sich an Sinas Ärmel. »Ist das ein Wolf?«

»Wölfe leben nicht in unseren Wäldern, höchstens Eisfüchse«, erwiderte Ole. »Aber ganz egal, wer da jammert, wir müssen helfen.« Zielstrebig stapfte er voran. »Als Weiwi würde es auch zu meinen Aufgaben gehören, gute Laune zu verbreiten.«

Lumi, Sina und Paul folgten dem Wichtel.

Hinter einem Strauch entdeckten sie schließlich eine Schneefrau. Sie schniefte und schnupfte.

»Was ist denn los?«, fragte Ole. »Warum jammerst du in dieser herrlichen Jahreszeit?«

»Weil meine Nase pfutsch ist«, schluchzte die Schneefrau. »Diese pfrechen Pfrostwuselwiesel haben sie mir mit einem Pfneeball einfach abgeworfen, um sie aufzuknuspern.«

»Das ist wirklich schlimm«, sagte Paul mitfühlend.

»Na ja, sie haben Hunger. Die Pfinat-Kekse vom Polter-Troll pfmecken ihnen leider nicht.«

»Geht vielleicht auch eine Gurke als Nase?«, fragte Sina. Sie holte eine aus der Tasche.

»Oh, die glitzert ja ganz pfrächtig. Ja, oh ja, eine Gurke wäre wunderbar.«

Sina steckte sie der Schneefrau ins Gesicht. »Wie heißt du?«

»Seid gegrüßt, Alva ist mein Name.« Die Schneefrau verbeugte sich leicht. »Ich bin die Wächterin vom kratzbürstigen Fluss. Die Hüterin der Winterschlaftiere.«

»Du hast gesagt, du hast den Troll gesehen? Weißt du, wo er wohnt?« Ole rückte sich seine Mütze zurecht.

»Poldi?« Alva rieb sich über die neue Nase. »Ja, schon. Aber das darf ich euch nicht verraten.«

Kapitel 14

Eine gute Tat

»Warum darfst du nicht sagen, wo Poldi wohnt?«, fragte Sina.

»Weil es ein Geheimnis ist«, antwortete Alva. »Poldi bereitet eine flockige Überraschung vor.«

»Aber er hat die Liste geklaut!«, rief Ole. »Die oberwichtelige Weiß-Bescheid-Liste, ohne die kein Kind ein Geschenk bekommt!«

»Wirklich?«, fragte Alva. »Das wäre aber ganz schön frostig.« Sie schüttelte den Kopf und ein paar Schneeflocken stoben auf.

»Deshalb müssen wir mit ihm reden«, erklärte Sina. »Kannst du uns nicht verraten, wo seine Höhle ist?«

»Nein, ich habe versprochen, es niemals nie jemandem zu sagen. Damit seine Brüder ihn nicht finden.« Alva tropfte Tau von der Nase. Neugierig beugte sie sich vor. »Aber ihr seid keine Trolle, oder? Seid ihr Wichtel? Ich habe schon lange keine mehr gesehen. Dabei hätten wir sie hier dringend nötig, um uns ein paar leuchtende Winterblumen zu zaubern, die diesen finsteren Wald erhellen.«

»Damit du nicht schmilzt?«, fragte Paul. Schon wieder war ein Tropfen von Alvas Nase geplumpst.

»Früher, solange sich die Wichtel noch um uns kümmerten, war es hier schön kalt und ich hatte viel Besuch«, meinte Alva. »Sie haben auch die Tiere gefüttert. Aber nun …« Sie seufzte. »Seit es die Geschichten über die Trolle im Fürchtefichtenwald gibt, trauen sich nur noch ein paar Frostwuselwiesel hierher. Dabei stimmen diese Sachen längst nicht mehr. Die Trolle sind weg. Poldi tut, was in seiner Macht steht, aber er kann nicht zaubern, und ganz ehrlich …« Sie senkte die Stimme. »Seine Spinatkekse sind eklig. Selbst die Wiesel mögen sie nicht.«

»Der Troll hilft dir mit den Tieren?«, fragte Ole ungläubig.

Alva nickte. »Oh ja, er ist ruppig, und wenn er singt, kräuseln sich die Nadeln der Fichten, und ehrlich gesagt, riecht er immer nach Essig und Käse, aber seit er da ist, bin ich nicht mehr so einsam.«

»Es tut mir leid, dass du dich so allein fühlst«,

sagte Ole. Er legte die Stirn in Nachdenkfalten. »Aber ich kann dir vielleicht helfen, ein wenig Licht in den Wald zu bringen.«

Er ließ sich von Sina eine weitere Gurke geben, legte eine Hand aufs Herz und murmelte leise. Überall um Alva herum schossen weiße, rosa und rote Blüten aus dem Schnee.

»Christrosen, Frostblumen und Weihnachtssterne. Ach, und die kleinen Primelchen, wie schön!«, freute sich Alva.

Direkt neben ihr wuchs nun ein Strauch mit dicken roten Blüten, die nach Vanille dufteten, und daneben eine Gurkenpflanze. Davor lag ein großer Berg Nüsse. Ein paar Frostwuselwiesel kamen angehoppelt und aßen sich satt. Auch ein Fuchs wagte sich aus dem Dickicht.

»Oh, hallo kleiner Fellfreund«, sagte Alva schmeichelnd.

»Es hat geklappt«, freute sich Ole. »Ich kann ganz untollpatschig zaubern.«

Lumi gab einen schnatternden Laut von sich und ihr Häuschen funkelte hell wie ein Stern. Schnell rupfte sie sich ein Blatt von der Gurkenpflanze.

»Wenn ich euch nur dafür danken könnte«, sagte Alva. »Oh, ich habe eine Idee.« Sie verzog den Mund zu einem Grinsen. »Ich darf euch zwar nicht sagen, wo sich die Trollhöhle befindet, denn versprochen ist versprochen, aber die Wuselwiesel können euch helfen.«

Sie tuschelte mit einem Wiesel. Das Wiesel quiekte und winkte mit einer Pfote.

»Ich glaube, wir sollen ihm folgen«, sagte Sina.

»Ich besuche dich bald wieder«, meinte Ole, während er auf Lumis Rücken sprang. »Und ich sage auch den anderen Wiwis, dass sie sich um deinen Wald kümmern sollen.«

Die Zimtschnecke legte die Fühler nach vorn und zischte los.

Kapitel 15

Am kratzbürstigen Fluss

Auf der Zimtschnecke reitend, folgten die Freunde dem Frostwuselwiesel. Es führte sie am Fluss entlang, der in wilden Strudeln neben ihnen strömte. Weiße Gischt trieb wie kleine Sahnehäubchen auf den Wellen.

Nach einer Weile blieb Lumi schnaufend stehen.

»Ich glaube, Lumi ist müde«, sagte Ole. »Wir sollten mal absteigen und eine Weile laufen.« Besorgt strich er der Zimtschnecke über die puscheligen Fühler.

Sie kletterten von der Rennsemmelbank und Ole stellte sich auf die Zehenspitzen. »Könnt ihr das Wiesel noch sehen?«

Über ihnen raschelte es, dann rieselte Schnee auf sie herab und das Wiesel kicherte.

»Frech!«, sagte Paul, aber er grinste.

Unverdrossen stapften sie weiter, obwohl es immer kälter wurde. Schließlich endete der Wald, es wurde heller und sie standen auf einer verschneiten Lichtung. Der Fluss rauschte laut neben ihnen. Nebel stieg auf und hüllte sie wie eine Decke ein.

Ein Ast knackte und sie schauten nach oben. Das Frostwuselwiesel saß auf einem mit Raureif überzogenen Ast. Es wackelte mit dem Kopf und deutete nach vorn.

»Aha, offenbar müssen wir da lang. Allein«, sagte Ole.

Das Wiesel nickte, winkte kurz, dann verschwand es im Geäst.

Ole drehte sich im Kreis. »Wo soll hier eine Höhle sein?«, fragte er. »Vor lauter Nebel sehe ich rein gar nichts.«

Lumi reckte schnuppernd die Fühler vor. Ihr Häuschen funkelte auf, dann flitzte sie los. Die Freunde folgten ihr

und landeten kurz darauf an einem gluckernden Schoko-Sumpf. Braune Blasen stiegen hoch und platzten. Dampf waberte.

»Ganz schön unheimlich«, fand Paul.

»Seht mal!«, rief Sina. »Im Schnee dort auf der Brücke sind riesige Fußstapfen zu sehen.«

»Hm.« Ole bückte sich. »Die sind zu groß für ein Frostwuselwiesel. Ich glaube, das sind Trollspuren.«

»Und wir sollen denen jetzt folgen?«, fragte Paul. Misstrauisch beäugte er die Brücke aus morschen Brettern, die über den Sumpf führte.

»Kristallglockenklar«, sagte Ole. Vorsichtig trat er auf das erste Brett und tastete sich hinüber. Sina folgte. Die Blasen blubberten links und rechts von ihnen hoch und zerplatzten. Warme Tropfen spritzten an ihre Beine.

»Waah!«, rief Sina. Das Brett unter ihr knackste und wackelte. Kurz verlor sie das Gleichgewicht. Ihr Fuß rutschte in den Schokosumpf und der zog sie in die Tiefe. »Hiilfe!«, schrie sie, als ihr Bein immer mehr versank.

Paul schnappte ihre linke Hand, Ole die rechte und gemeinsam zogen die beiden sie wieder hoch.

»Danke!« Sina schnaufte erleichtert. Ihr Stiefel war überzogen mit Schokolade.

»Hm, Schokopudding!« Paul strich mit dem Finger darüber und leckte ihn ab. »Lecker.«

»Aber auch gefährlich.« Zögernd starrte Sina auf die morschen Bretter. Sie hatte keine Lust, noch mal in einer Puddingpfütze zu versinken.

»Lasst uns was singen«, schlug Ole vor. »Singen vertreibt

grummelige Angstgefühle.« Schon grölte er los: »*Stink, Söckchen, stinkelingeling …*«

»Das klingt irgendwie falsch«, sagte Sina.

»Ja, mag sein«, erwiderte Ole. »Ich habe den Text vergessen. Aber das ist doch egal. Es ist lustig, so ein Quatschlied zu singen. Macht doch mit! *Oh Sumpf am Baum, oh Sumpf am Baum, du blubberst heißen Schokoschaum. Ob er mir schmeckt, das weiß ich nicht, doch hineinfallen werd ich nicht …*«

»Cool!«, rief Paul und sang kräftig mit.

Zögernd fiel Sina mit ein, erst leise, dann immer lauter – und tatsächlich: Das hielt die Angst in Schach und machte einen Riesenspaß!

Vorsichtig tasteten sie sich über die wackelige Brücke und durch den Nebel. Je lauter sie sangen, desto mehr schienen die Nebelschwaden zurückzuweichen. Plötzlich blitzte die Sonne durch die Wolken, brachte den Schnee zum Glitzern, und sie konnten klar erkennen, was vor ihnen lag.

»Geschafft!« Sie hatten die Brücke tatsächlich überquert. Erleichtert atmete Sina auf und blickte nach vorn.

Efeu wuchs über einen hohen Felsen. Die langen Ranken fielen von oben bis auf den Boden. Ein würzig-warmer Duft stieg ihnen in die Nase.

Lumi schnupperte kurz, wackelte mit den Fühlern und kroch zielstrebig auf den Efeu zu. Leise raschelte es, dann hatte das Grün sie verschluckt. Nur ein Glitzern verriet, dass sie wohl nach oben kletterte.

Kapitel 16

Ein Haus im Fels

»Wir müssen Lumi folgen!« Ole griff in seine Tasche und holte eine Handvoll Zauberpuderzucker hervor.

»*Minke, manke, Zuckermandeln, Efeu, du sollst dich verwandeln. Bild mir eine Leiter. Dann bin ich froh und heiter.*« Er warf den Puderzucker in die Luft. Es flirrte und glitzerte und die Ranken schlangen sich zu einer Strickleiter zusammen. Schnell kletterten sie hinauf.

Oben angekommen, entdeckten die drei Lumi, die vor einer Tür wartete, an der ein Kranz aus verschlungenen lila Disteln hing. Neben dem Eingang baumelte eine kupferrote Glocke.

Sina holte tief Luft und zog an der Schnur. *Ding-dang-dong* schallte es durch die Luft. Doch niemand regte sich, kein Mucks war zu hören.

Aber Moment, wackelte da nicht eine Gardine? Energisch läutete Sina noch einmal.

»Haaaallloooo!«, rief Ole. »Ist jemand zu Hauseeeee?«

»Wir wissen, dass du da bist. Wenn du nicht aufmachst, kommen wir rein«, setzte Paul nach.

»Wir haben auch Gurken dabei!«, ergänzte Sina. Einen Versuch war es wert. Zu ihrer Überraschung schwang die Tür auf.

»Pscht!«, zischte es. Ein bärengroßes Wesen mit lila-grünen Haaren stand vor ihnen. Es hatte riesige Ohren, Pranken und gewaltige Zähne. Sein langer Schwanz ähnelte dem eines Löwen und hatte hinten einen kleinen grünen Puschel, der über den Boden fegte wie ein Besen.

Es hätte gefährlich aussehen können, wäre da nicht die rote Schürze mit Tannenbaummuster gewesen, die sich um seinen kugeligen Bauch schlang. Seine Füße steckten in puscheligen schwarzen Fledermauspantoffeln.

»Scheid ihr denn von allen guten Schmeißfliegen verlaschen? Wasch soll der Lärm? Seid leische! Nicht, dasch ihr mir noch die Flattermäusche aufweckt. Es war wirklich krümelmühsam, sie alle in den Schlaf zu singen.«

Sina bemerkte, dass in der Dunkelheit hinter dem Wesen unzählige schwarze, graue und braune Fledermäuse mit ordentlich zusammengefalteten Flügeln regungslos von der Felsendecke hingen.

»Jaja, ist ja gut«, flüsterte Ole. »Bist du Poldi Trollig?«

Das Wesen kniff ein Auge zu und musterte den Wichtel argwöhnisch. »Wer will das wischen?«

Ole nickte. »Ich bin Ole Knacknuss, ein Winterwichtel, das sind die Ehrenwichtel Sina und Paul, und wir kommen vom Weihnachtsmann, um die Weiß-Bescheid-Liste zurückzuholen.«

Der Troll verschränkte die Arme. »Dass ihr euch hertraut, ist wirklich mutig. Aber die Lischte kann ich euch nicht geben.«

Eine Fledermaus öffnete den Flügel und fiepte. Das riesige Wesen nahm sie vorsichtig auf die Pranke und flötete leise: »Schlafe, mein Mäuschen, schlaf ruhig ein. Draußen ischt's kalt, das muss jetzt scho sein.«

Müde schloss der kleine Flatterer die Augen und das Riesenwesen hängte ihn vorsichtig zurück an die Wand. Dann drehte es sich zurück, kniff die Augen zusammen und knurrte. »Wo ischt der Weihnachtsmann? Und wo sind die Eschiggurken?«

»Der Weihnachtsmann hat keine Zeit, aber hier hast du drei Gurken!« Ole nickte Sina zu, die ihm das Gemüse hinhielt. »Und jetzt gib uns die Liste!«

»Das geht nicht, weil … äh … ich bin nicht Poldi. Ich bin … äh … Pildu. Und überhaupt hat Poldi keine Zeit. Verschwindet. Grrrr!«

Lumi gurrte plötzlich aufgeregt und reckte die Fühler.

»Ja, genau. Was riecht denn hier so komisch?«, fragte Ole. Er schnupperte. »Raucht da nicht was?«

»Ach du grüner Pferdeapfel, meine Spinatkeksche!« Der Troll schnappte sich die Gurken, drehte sich um und eilte davon.

Unschlüssig blieben die drei Freunde stehen.

»Und nun?«, fragte Paul. »Wo finden wir jetzt diesen Poldi?«

»Wenn das nicht Poldi war, fress ich einen Besen.« Sina stieß die Tür auf. »Und jetzt holen wir uns die Liste!«

Kapitel 17

Besuch bei einem Troll

Sina betrat die Höhle. Ole und Paul folgten ihr.

»Ganz schön dunkel hier drin«, sagte Paul.

Lumi gurrte leise und ihr Häuschen begann heller zu leuchten.

»Danke, Lumi, ich übernehme das«, erwiderte Ole. »*Minke, manke, Sternenglanz, Frostkäfer beginnt jetzt euren Tanz.*« Eine Handvoll magischer Puderzucker wirbelte durch die Luft. Gleich darauf formte er sich zu Kristallen, die wie Edelsteine schimmerten. Wie Glühwürmchen schwirrten sie durch die Luft. Ein warmes Licht erhellte den Raum.

»Wow, wie schön!«, staunte Sina.

Glitzernde Stalaktiten säumten die Decke und waren mit roten Bändern, Sternen und Tannengrün geschmückt. An den Wänden schnarchten die Fledermäuse, die der Troll in den Schlaf gesungen hatte.

Entschlossen gingen sie weiter. Die Melodie von »Lasst uns froh und munter sein« schallte durch den Gang.

»Ich hätte nicht gedacht, dass Trolle Weihnachtslieder singen«, murmelte Paul. »Oder Plätzchen backen.«

»Ja, das ist wichtelwunderlich«, meinte Ole. »Aber Alva hat ja auch schon erzählt, dass der Troll sich um die Tiere kümmert.«

»Wenn er eigentlich nett ist und Weihnachten mag, wieso klaut er dann die Liste und vermiest so vielen Kindern das Fest?«, wunderte sich Sina.

»Genau das werden wir ihn fragen«, erwiderte Ole.

Endlich tauchte ein flackernder Lichtschein vor ihnen auf.

Gleich darauf standen sie in einer Küche. Ein gemütliches Feuer prasselte im Kamin. Töpfe hingen an der Wand und auf dem Tisch stand ein dorniger Adventskranz aus lila Disteln. Daneben ragte ein zerrupfter Weihnachtsbaum auf, der mit Essiggurken geschmückt war. Eine dicke Qualmwolke hing im Raum. Der Troll stand vor dem Tisch und streuselte grüne Perlen auf verkohlte Plätzchen.

»Wasch macht ihr denn noch hier?«, grunzte er. »Ich habe euch doch rauschgeworfen.« Er drehte sich um und holte ein weiteres Backblech aus dem Ofen. Scheppernd landete es neben dem ersten.

»Du hast die Gurken«, sagte Sina vorwurfsvoll. »Jetzt musst du uns die Liste geben, so stand es im Brief.«

»Mag sein, aber jetzt habe ich meine Meinung geändert«, knurrte der Troll. »Ich warte auf den Weihnachtsmann.«

»Waas?«, polterte Ole. »Du kannst doch nicht einfach

dein Versprechen brechen. Rück sofort die Weiß-Bescheid-Liste raus, Poldi!« Der Wichtel stemmte die Hände in die Seiten.

»Ich bin nicht Poldi. Ich bin äh … Paldu oder war es Puldi? Nein. Pildo«, lispelte der Troll. Seine Wangen färbten sich rot wie Äpfel. »Ist ja auch popelegal. Ich habe keine Zeit. Bald ist Weihnachten und es ist noch viel zu tun.«

»Eben!«, sagte Ole. »Deshalb brauchen wir auch ganz dringend die Weiß-Bescheid-Liste, sonst bekommen ganz viele Kinder keine Geschenke. Gib sie uns!«

»Ich habe die Lischte nicht versteckt und auch keine Nachricht an den Weihnachtsmann auf Trollbatzisch geschrieben. Aber schonntags schwindle ich manchmal, weil Trolle das scho machen. Auf Wiedertschüssing.« Poldi wendete den Blick ab, während er kräftig weiter grüne Perlen auf die Plätzchen schüttete.

»Doch, du hast die Liste geklaut und auch die Nachricht geschrieben. Woher weißt du sonst davon?« Sina baute sich vor dem Troll auf und verschränkte die Arme.

»Stimmt«, sagte Ole. »Du bist eine stinkige, trollige Lügennase, die allen das Weihnachtsfest verdirbt! Wegen dir bekommen die Kinder keine Geschenke.«

»We-we-wegen mir?«, erwiderte Poldi. Seine Lippe zuckte, und plötzlich entwich ein Grollen seiner Kehle, so tief, dass die Wände wackelten.

Lumis Glitzer erlosch, sie zog die Fühler ein und versteckte sich erschrocken in ihrem Häuschen.

Kapitel 18

Ein Rätsel wird gelöst, ein neues taucht auf

»Jetzt haben wir den Lamettasalat«, sagte Ole verärgert. »Mit deinem Gebrüll hast du meine Zimtschnecke verschreckt.« Er streichelte Lumi über das Häuschen.

»Oje, ach, ach. Das wollte ich nicht.« Poldi schniefte. Eine Träne kullerte über seine Wange. »Daran ist nur der olle Weihnachtsmann schuld!«

»Das ist unverschämterhaftig!« Ole stampfte mit dem Fuß auf. »Was kann der Weihnachtsmann dafür, dass du klaust?«

Poldi kniff die Lippen zusammen und schwieg.

»Ich verstehe das nicht«, meinte Sina sanft. »Du scheinst Weihnachten doch zu mögen.«

»Oh ja!« Poldi nickte heftig. »Scho sehr, dass ich meine Brüder mit Pfefferminzschtangen in den Bäumen vertrieben habe, damit sie den Wichteln keine Streiche mehr spielen. Den Geruch mögen sie nämlich überhaupt gar nie nicht.« Er kicherte.

»Und warum ist es dir dann egal, dass die Kinder ihre Wünsche nicht erfüllt bekommen?«, wollte Ole wissen.

»Ich wusste nicht, was auf dem Funkel-Zettel steht«, sagte Poldi. »Ich kann nicht scho gut leschen.« Er schniefte schon wieder. Lumi drückte sich tröstend an sein Bein. »Wäre der Weihnachtsmann gekommen, um seine Funkel-Lischte zu holen, dann hätte ich ihm Kekse serviert, damit er allen erzählt, wie nett ich bin und niemand mehr miesemurksige Geschichten über mich erzählt.« Poldi zerkrümelte einen Keks zwischen den großen Fingern.

Ole beugte sich vor. »Was meinst du damit?«

Poldi ließ den Kopf sinken. »Na, alle aus dem Wichteldorf haben Angst vorm Fürchtefichtenwald. Wegen der Trollgefahr. Weitere Tränen purzelten über Poldis Gesicht. »Wegen mir kommt kein Wichtel mehr her. Deschhalb ist es scho düster. Und deschhalb habe ich beschlossen, die Lischte zu stibitzen. Sie funkelt scho schön.« Der Troll klatschte in die Hände.

»Du hättest dem Weihnachtsmann auch einfach einen Wunschzettel schreiben können«, sagte Ole. »Oder malen.«

»Nein, oh nein!« Poldi bekam große Augen. »Trolle bekommen keine Wünsche erfüllt, sagen meine Brüder. Ich musste ihn zu mir locken.«

»Quitschquatsch«, befand Ole. »Der Weihnachtsmann ist zu jedem freundlich. Auch zu Trollen.«

»Glaubt ihr mir, dass ich nichts Böses wollte?«, fragte Poldi ängstlich.

»Ich glaube dir, weil Lumi dich mag«, sagte Ole. Die Schnecke hatte sich an Poldi geschmiegt und verströmte Zimtgeruch.

»Wir glauben dir auch«, bestätigte Sina.

Poldi seufzte tief, der Stuhl knarrte

unter seinem Gewicht. »Das ist schön. Vielleicht könnt ihr bleiben und Weihnachten mit mir feiern.« Hoffnung schimmerte in seinen Augen.

»Nein, das geht nicht«, sagte Ole. »Wir müssen dringend die Liste zum Weihnachtsmann zurückbringen, sonst bekommt niemand ein Geschenk.«

»Aber«, Poldi schniefte und zog den Rotz nach oben, »das geht nicht.«

Kapitel 19

Die Suche nach der Liste

»Warum willst du uns nicht sagen, wo die Liste ist?«, fragte Ole säuerlich. »Willst du noch mehr Gurken?«

»Nein.« Poldi zog die Stirn kraus. »Ich habe vergeschen, wo ich sie verschteckt habe.«

»Du weißt nicht, wo sie ist?« Ole raufte sich die Haare. »Ach du goldene Glitzerkugel! Was machen wir jetzt?«

Sina überlegte. »Wo bist du denn gewesen, nachdem du die Liste genommen hast, Poldi?«

»Gestibitzt, meinst du wohl«, berichtigte Ole.

»Das weisch ich nicht mehr scho genau.« Poldi wackelte mit der Nase. »Es war Nacht, als ich schie geholt habe. Alle Wichtel haben geschlummert. Ich habe schie unter meinen Pulli geschteckt, damit schie nicht nass wird, wenn ich durch den Wald stapfe. Hier zu Hause habe ich mir einen Kakao aus dem Blubberschumpf gefischt, die Fledermäuse in den Schlaf geschungen und bin ins Bett gegangen.

Die Liste hat scho doll geleuchtet, dass ich nicht schlafen konnte. Deschhalb habe ich schie irgendwohin gepackt, aber ich weisch nicht mehr, wo.« Er hob die Arme. »Heute Morgen habe ich gebacken. Zwiebelkeksche mit Spinat-schtreuseln – meine Lieblingsschorte, weil man danach scho gut pupsen kann. Mögt ihr mal probieren?« Er reich-te ihnen den Keksteller.

Paul griff sofort zu, biss hinein und verzog das Gesicht. »Puh, ganz schön … zwiebelig!«, sagte er.

»Danke!« Poldi strahlte.

Ole legte seinen Keks zur Seite. »Wir müssen nach der Liste suchen. Irgendwo muss sie ja sein.«

Leise, um die Fledermäuse nicht zu wecken, schauten Sina, Paul und Ole in allen Schränken und Ecken nach. Sie suchten sogar in Poldis Schlafzimmer. Ohne Erfolg.

»Ich glaube, ich habe sie!« Ole kauerte unter einem Sofa. Er zog ein leuchtendes Häschen-Licht hervor. »Doch nicht!«

»Ach, da hat sich mein Nachtlicht verschteckt«, freute sich Poldi. »Dasch such ich schon ewiglich!« Mit glückli-cher Miene stellte er es auf den Tisch.

Sinas Blick fiel auf den Kühlschrank, dem einzigen Ort, wo sie noch nicht nachgese-hen hatten. Sie öffnete die Tür und fand darin tatsächlich eine dicke Pergament-rolle, gleich neben ein paar Eiern, Sta-chelbeeren und stinkendem Käse.

»Trolltoll! Da ischt sie. Weihnachten ist gerettet.« Poldi strahlte. Unvermittelt ließ er jedoch die Schultern sinken. »Ich schäme mich scho, dass ich den Weihnachtsmann erpressen wollte. Wie kann ich dasch nur wiedergutmachen?«

»Indem du uns hilfst«, sagte Ole. »Komm einfach mit und erzähle dem Weihnachtsmann, was passiert ist.«

Poldi nickte. »Ja, dasch mach ich.«

Ole beugte sich über die Liste. »Nanu, da steht nichts drauf«, wunderte er sich. »Und das Leuchten ist so schwach.« Vorwurfsvoll musterte er Poldi. »Was hast du gemacht?«

Poldi blickte zerknirscht. »Ich weisch es nicht. Geschtern hat sie noch ganz dolle gefunkelt.«

»Womöglich erlischt die Magie, wenn die Liste zu weit vom Weihnachtsdorf weg ist.« Ole wiegte den Kopf. »Und dann sind die Wünsche der Kinder für immer und ewig weggeschmolzen. Futschikato, weg ins Klo, auf Nimmerwiedersehen.«

»Wasch? Oje, das wollte ich wirklich nicht. Buhuh …«, weinte Poldi.

»Moment!« Sina hob die Hände. »Eine Chance haben wir vielleicht noch!«

Kapitel 20

Rettung in letzter Schneeflocke?

»Vielleicht erwacht die Magie, wenn die Liste an ihren Platz im Wichteldorf zurückkehrt«, überlegte Sina.

»Das ist eine wunderwichtelige Idee.« Ole kratzte sich an der Mütze, die nun schräg auf seinem Kopf saß.

Das magische Licht des Pergaments flackerte unruhig wie eine Kerze im Wind. Sorgsam packten sie die Liste in eine Decke, dann machten sie sich auf den Rückweg nach Wichtelfingen.

Poldi war zu groß, um sich von Ole schrumpfen zu lassen, daher mussten sie laufen.

Als sie die Schneefrau Alva erreichten, staunten sie, denn die Frostwuselwiesel hatten inzwischen die Fürchtefichten mit den Lichterblumen geschmückt, die Ole vorhin gezaubert hatte. Alva winkte ihnen zu, mit einem Wiesel auf dem Arm und einem glücklichen Lächeln im Gesicht.

Der Fuchs hatte sich zu ihren Füßen gekringelt und schlief.

»Von hier kenne ich eine Abkürzung zum Dorf«, flüsterte Poldi, um den Fuchs nicht zu wecken. »Doch wir müssen quer durch den Wald und durchs Dickicht.«

»Dann schnell!« Ole pustete auf die Liste, um sie aufzuwärmen, doch ihr Flackern wurde immer schwächer.

Von mehreren Frostwuselwieseln begleitet, die über die Äste der Bäume huschten, stapften sie durch das Unterholz. Sina fühlte, wie ihre Beine langsam müde wurden. Sie bückte sich unter kratzigen Zweigen und hob Dornenranken in die Höhe, damit Paul darunter durchschlüpfen konnte. Ole und Lumi waren deutlich geschickter darin, sich im Wald zu bewegen. Der Weg schien endlos zu sein. Besorgt beobachtete Sina das immer schwächer werdende Flackern der Liste.

Endlich tauchten die Häuser von Wichtelfingen vor ihnen auf. Verfroren und mit roten Nasen stürmten sie in das große Haus mit der Nummer 24.

»Wir haben die Liste!«, rief Ole aufgeregt. »Aber sie funkelt kaum noch! Die Magie erlischt.«

»Oha!« Der Weihnachtsmann kam angepoltert. »Zeig her!«

Lene musterte die bibbernden Kinder und meinte: »Ich mach euch mal einen Aufwärm-Kakao.«

Vorsichtig nahm Ole die Decke von dem Pergament und erklärte, was passiert war.

»Soso.« Niklas blickte streng auf Troll Poldi herab. »Du bist also der Dieb.« Der Ansatz eines versöhnlichen Lächelns war unter seinem Bart zu erkennen. »Mutig, dass du deinen Fehler eingestehst.«

»Ich wollte wirklich nichts kaputt machen«, sagte Poldi bedrückt. »Ich wollte doch nur ein bisschen Weihnachtsfunkeln. Werde ich jetzt beschtraft?«

»Jeder macht mal einen Fehler«, sagte Lene. Sie stellte die dampfenden Kakaotassen ab. »Ole Knacknuss zum Beispiel verzaubert sich ständig.«

»Heee!«, rief Ole empört. »Du übertreibst glitzerstark.«

Grinsend nippte Sina an ihrem Kakao. Mmh, das tat gut!

Der Weihnachtsmann wandte sich an Poldi. »Wie ich höre, hast du ein großes Herz für Weihnachten. Und für Tiere.«

»Ja, das stimmt«, sagte Poldi. Er drückte eine Pranke auf die Brust. »Kein Troll mag Weihnachten so wie ich. Meine Brüder lachen mich deschwegen sogar ausch. Dasch ist kein schönes Gefühl!«

»Ziemlich gemein«, sagte Sina. Der arme Poldi! Niemand sollte ausgelacht werden.

»Ich habe dafür geschorgt, dass sie sich von hier fernhalten. Mit Pfefferminzschtangen«, fuhr Poldi fort. »Dasch können sie gar nicht leiden, weil sie immerzu nieschen müschen. Allesch nur, damit ihr in Ruhe das Fescht vorbereiten könnt.«

»Oje, und wir haben uns nicht mehr in den Wald getraut, weil wir dachten, die Trolle leben noch dort«, sagte Lene.

»Dabei haben wir dann alles andere vergessen, wie die Tiere, die unsere Hilfe gebraucht hätten. Das tut mir leid!«

»Mir auch.« Ole wirkte geknickt und Lumi gurrte leise.

Der Weihnachtsmann klopfte Poldi auf die Schulter. »Wir könnten einen trollstarken Kerl wie dich gebrauchen, Poldi.«

»Ja, ich helfe gern mit.« Poldis Wangen röteten sich. Der Troll räusperte sich. »Aber … darf ich mit euch auch Weihnachten feiern?«

»Natürlich darfst du mitfeiern.« Der Weihnachtsmann zwinkerte Poldi zu. »Hier ist für alle Platz und keiner soll an Weihnachten allein sein.« Er klatschte in die Hände. »Aber erst mal müssen wir die Weiß-Bescheid-Liste retten.«

»Besteht noch Hoffnung?«, fragte Sina nervös.

Die Liste gab ein kaum wahrnehmbares Flackern von sich und dann erlosch ihr Licht.

Kapitel 21

Das Wunder der Weihnachtsmagie

»Vielleicht kann die Magie der Düfte helfen«, überlegte Ole. »Damit kenne ich mich aus.«

»Wirklich, Ole?« Lene schüttelte den Kopf. »Das letzte Mal, als du uns helfen wolltest, ging ziemlich viel schief.«

»Ja, aber jetzt kann er ganz untollpatschig zaubern«, sagte Sina. Lumi blubberte zustimmend.

»Lass es ihn probieren«, sagte der Weihnachtsmann. »Es sei denn, dir fällt eine andere Lösung ein.«

Lene kniff die Lippen zusammen und schwieg.

»Dachte ich es mir doch.« Der Weihnachtsmann lächelte. »Bitte, Ole.«

Ole strich vorsichtig über die Liste. »Ich brauche Zimt, Kardamom, Vanille und eine Prise Orangenschale. Ach ja, und eine Gewürzmühle.«

»Holst du das bitte, Lene?«, sagte der Weihnachtsmann.

»Aye, aye, Niklas!« Lene flitzte davon und kam kurz darauf mit einer großen kristallenen Gewürzmühle und den Gewürzen zurück. Ole mahlte alles. Im Zimmer roch es herrlich nach Weihnachten und Plätzchen. Kurz wurde das Leuchten stärker, als Ole die Gewürze auf die Liste streute, doch dann flackerte es wieder unruhig.

»Hm, ich habe Gewürze aus allen vier Himmelsrichtungen des Weihnachtslandes verwendet.« Ole kratzte sich am Kopf. »Vielleicht hat der Aufenthalt in der Trollhöhle der Liste doch mehr geschadet als gedacht.«

Sinas Blick fiel auf Poldi. Der Troll blickte zerknirscht zu Boden und ließ die Schultern hängen. Eine Idee schoss ihr durch den Kopf. »Ein Gebiet des Weihnachtswalds fehlt noch: der Fürchtefichtenwald.«

»Oh ja, das könnte sein«, meinte Ole. »Aber ich habe kein Gewürz aus dieser Gegend.«

»Ich habe was.« Triumphierend hielt Sina die letzte Gurke hoch, die sie noch in der Tasche trug. »Vielleicht können wir die Schale verwenden.«

»Gute Idee!« Ole schabte ein wenig von der glitzernden Schale ab und bat Poldi, sie in die Gewürzmischung zu streuen. Erneut ließ der Wichtel das Pulver über das Pergament rieseln. Das Leuchten wurde langsam immer heller und heller, bis die Liste so schön funkelte wie ein Stern. Alle atmeten auf, Poldi stieß ein erleichtertes Grunzen aus.

»Puh, das ist gerade noch mal gut gegangen.« Der Weihnachtsmann lachte. »Und jetzt ran an die Arbeit. Uns läuft die Zeit davon. Alle helfen mit.«

Der Weihnachtsmann legte die Liste auf den Ständer. Die Buchstaben auf dem Pergament begannen zu flirren und strahlen. Die Namen unzähliger Kinder schienen in der Luft zu schweben, dann ratterte die Geschenkemaschine los und sortierte die vielen Päckchen sorgfältig in die Körbe.

»Fantaschtisch, diese Magie«, staunte Poldi.

»Stehen meine Wünsche auch ganz bestimmt auf der Liste?«, fragte Paul. Er schaute zum Weihnachtsmann.

»Aber natürlich«, meinte dieser lachend. »Aber die Magie entscheidet, welche davon erfüllt werden.«

»Was wünschst du dir, Sina?«, wollte Paul wissen.

»Nichts«, sagte sie. »Oder eigentlich schon, aber ich glaube, der Wunsch gehört zu den unerfüllbaren.« Sie lächelte leicht. »Ich wollte gern ein Haustier, aber jetzt wünsche ich mir, dass wir an Weihnachten immer zusammen sind und ich dich beim MauMau schlage.«

»Ja«, sagte Paul. »Dieser Wunsch gehört wirklich zu den unerfüllbaren.« Er grinste breit. »Aber vielleicht lass ich dich auch mal gewinnen.«

»Was steht ihr hier herum?« Lene tauchte hinter den Kindern auf. »Ich brauche noch ein paar gute Schleifenbinder und Knotenmacher. Hier, bitte.« Sie verteilte Bänder an alle.

Sogar Poldi durfte helfen und erzählte einen Troll-Witz nach dem anderen. Die Wichtel kringelten sich vor Lachen.

»Du bist wirklich ein lustiger Kerl«, sagte Lene anerkennend. »Schön, dass du bei uns bist.«

Kapitel 22

Heimflug mit Zimtschnecke

Nach der Arbeit wurde ausgelassen gefeiert, sogar die Schneefrau Alva wurde geholt, damit sie vor dem Fenster mitfeiern konnte. Beim Weihnachts-Karaoke sang der Wichtelwald-Chor lustige Lieder.

Obwohl die Weihnachtsmagie wieder erstarkt war, brachten Frosch, Vogel, Wildschwein und Igel die Zeilen immer noch durcheinander. Es wurde viel gelacht, aber nicht über den Chor, sondern mit ihm.

Das sorgte dafür, dass sich sogar Sina auf die Bühne traute. Sie sang vor allen Weihnachtswichteln, dem Weihnachtsmann und Poldi ihr Sternenlied von einer Zeit voll großer Freud.

Einmal verhaspelte sie sich und sang von großen Freunden, und einmal hatte sie einen Texthänger, aber das war überhaupt nicht schlimm, denn Paul krähte lauthals mit, wenn sie stockte. Die anderen klatschten im Takt dazu.

Anschließend gaben Ole und Poldi ein ziemlich schräges Duett zum Besten. Irgendwann bei all der fröhlichen Feierei konnte Sina nur noch mühsam ein Gähnen unterdrücken. Der Tag – oder war es die Nacht? – war ziemlich aufregend gewesen.

»Hohoho«, lachte der Weihnachtsmann. »Ich glaube, es wird Zeit, euch nach Hause zu bringen.«

»Das wäre wirklich prima«, sagte Sina.

»Willst du das übernehmen, Ole?«, fragte Niklas. »Ich muss Geschenke verteilen, und du weißt ja, wo die beiden wohnen.«

»Weihnachtswichtelig gern.« Ole verbeugte sich.

»Für dich haben wir auch noch ein Geschenk.« Der Weihnachtsmann überreichte Poldi ein Päckchen. »Als Dankeschön dafür, dass du uns heute geholfen hast.«

»Für mich?«, fragte Poldi schniefend vor Rührung. Eine Träne platschte auf die Schleife.

»Ja, von uns allen«, antwortete Lene. »Ole hatte die Idee dazu, aber mach …« … *es erst an Weihnachten auf*, wollte sie wohl sagen, doch da hatte Poldi das Papier schon abgerissen.

»Oh, ein Bilder-Backbuch. Wie trollig schön!«, schwärmte er. »Da kann ich euch trolltolle Kekse backen. Hä, was für komische Zutaten sind das denn? Vanille und Zimt? Gar kein Popel oder Spinat?«

»Ja, deinen Brabsch kann ja sonst niemand essen«, meinte Ole grinsend. »Außer den Fledermäusen und den Frostwuselwieseln.«

Anschließend verteilte der Weihnachtsmann Ehrenwichtelmützen an Sina, Paul und Poldi. »Vielen Dank für eure Hilfe! Ihr seid hier immer willkommen«, meinte er. »Und für dich habe ich auch noch etwas, Ole.« Würdevoll überreichte er ihm einen Brief. »Eine Urkunde für herausragende Finde-Fähigkeiten und eine Einladung zur Weihnachtsschule für dich und Lumi, damit ihr ein richtiges fliegendes Weihnachtswichtel-Duo werden könnt.«

Ole führte einen Freudentanz auf und drehte sich mit der überraschten Lene im Kreis.

Nachdem sich Sina und Paul von den Wichteln, Lene und dem Weihnachtsmann verabschiedet hatten, ging es los. Sie quetschten sich gemeinsam auf die Rennsemmelbank und Lumi flitzte los. Sie drehte eine Ehrenrunde auf dem Marktplatz und schlitterte dann über die verschneite Wiese und den Wald zum Frostigsee.

»Das ist so schön«, schwärmte Sina und betrachtete die weiß glitzernde Winterlandschaft. Viel zu bald tauchte das bunt schimmernde Polarlicht-Portal vor ihnen auf.

»Ich habe da übrigens noch etwas für euch.« Ole griff in die Tasche und holte zwei samtene Beutel heraus. »Als Erinnerung an unser gemeinsames Abenteuer.«

»Oh, danke!« Sinas Wangen röteten sich vor Freude.

»Aber noch nicht aufmachen«, sagte Ole streng. »Erst wenn Lumi und ich weg sind. Es soll ja eine Überraschung sein.«

Mit einem Zischen tauchten sie in den glitzernden Strudelstrahl ein.

Kapitel 23

Magie im Glas und noch ein Rätsel

Sina und Paul wurden ordentlich hin- und hergeschaukelt, so als ob man eine superschnelle Achterbahn fuhr. Um sie herum blitzte buntes Licht wie Feuerwerk auf.

Schließlich setzte Lumi elegant zur Landung an, und plötzlich befanden sie sich wieder im Wohnzimmer. Allerdings waren sie immer noch winzig klein. Die Möbel ragten riesig wie Hochhäuser neben ihnen auf; aus dem Flur drang das leise Schnarchen ihrer Mutter.

Ein Blick auf die Uhr an der Wand verriet Sina, dass nur ein paar Stunden seit ihrem Aufbruch vergangen waren. Vor dem Fenster herrschte immer noch dunkle Nacht.

»In Wichtelfingen vergeht die Zeit eben anders«, erklärte Ole, der Sinas Blick bemerkt hatte.

»Du kommst uns doch bald besuchen?«, fragte Sina. Sie stieg von der Rennsemmelbank.

»Aber selbstverfreilich. Ich muss euch doch berichten, wie es in der Weihnachtsschule ist.« Ole strahlte. »Gut, dass ihr eine Wichteltür habt, dann kann ich immer mal vorbeischauen. Aber sorgt bitte dafür, dass kein rutschiger Puderzucker mehr davorliegt.«

»Abgemacht!«, versprach Sina.

»Versprochen«, bestätigte Paul.

»Also dann. Es ist Kekse-Zeit!« Schmunzelnd reichte er Sina und Paul ein Vanillekipferl. »Damit werdet ihr wieder groß!«

Genüsslich bissen sie hinein und Ole streute eine Handvoll Puderzucker. Sina nieste, Paul schniefte, und plötzlich waren sie wieder so groß wie früher und Ole handschuhklein.

»Haha, wunderwichtelig, es hat funktioniert!«, rief Ole begeistert.

»Wieso, warst du dir nicht sicher?«, fragte Sina.

»Doch, doch, natürlich«, versicherte Ole schnell. »Aber nun muss ich los. Auf Wiedertschüssing!« Ole tippte sich an die Mütze, öffnete die Wichteltür und trat mit Lumi in den glitzernden Wirbel. »Fröhliche Weihnachten!«, rief er, dann fiel die kleine Tür hinter ihm zu.

»Krass!«, sagte Paul. »Damit wäre ein für alle Mal bewiesen: Wichtel gibt es wirklich.« Verschmitzt grinsend betrachtete er den Samtbeutel, den er von Ole bekommen hatte. »Sollen wir die aufmachen?«

»Klar, warum nicht. Lumi und Ole sind ja schon fort.«

Sina lauschte auf Mamas Geschnarche. »Vielleicht machen wir das aber lieber in meinem Zimmer?«

Die Geschwister schlichen durch den Flur und kuschelten sich in Sinas Bett. Paul schüttete den Inhalt seines Beutels auf die Decke. Jede Menge Kekse fielen heraus, darunter auch ein paar Spinatkekse.

Für Paul, den weltbesten Keksemampfer, stand auf einer Karte.

Sina grinste und öffnete ihren Samtbeutel. Gerührt holte sie eine Schneekugel heraus. Darin konnte man eine Miniausgabe von Wichtelfingen erkennen. Bunte Schneeflocken fielen und ein winziger Troll schmückte einen Weihnachtsbaum.

»He, du hast auch eine Karte«, sagte Paul.

»Für Sina, die weltbeste Rätselnussknackerin. Kannst du auch diese Rätsel lösen: Was fällt im Winter, tut sich aber nicht weh? Und was bekommt ein Schneemann, der sich den Kopf stößt?«

Sina lachte leise. »Oh, das erste Rätsel ist einfach. Die Lösung lautet: Schnee.«

Wie aufs Stichwort tanzten weiße Flocken in der Dunkelheit vor dem Fenster.

»Schau mal, es schneit«, rief Paul. »Vielleicht können wir morgen Schlitten fahren. Und das zweite Rätsel lösen.« Gähnend zog er sich die Decke ans Kinn. »Darf ich heute bei dir bleiben?«

»Also gut, ausnahmsweise«, sagte Sina. Sie räumte die Schneekugel und die Kekse auf den Nachttisch und kuschelte sich neben ihren Bruder.

Während Paul ratzfatz eingeschlafen war, dachte Sina noch über das zweite Rätsel nach, aber irgendwann fielen auch ihr die Augen zu.

»Fröhliche Weihnachten«, murmelte sie und lächelte. Tief in ihrem Herzen hoffte sie, dass sich ihr größter Wunsch vielleicht irgendwann doch noch erfüllen konnte.

Kapitel 24

Trollige Weihnachten

Es war Heiligabend und durch die Wohnung der Sonntags zogen köstliche Düfte.

Sina schaltete glücklich die Lichterkette am Weihnachtsbaum ein. Der Vormittag war total schön gewesen. Ganz ohne Patzer hatte sie beim Krippenspiel ihren Text als Stern gesungen, und niemand hatte gelacht, sondern alle hatten mitgesungen und geklatscht.

Ihr größter Wunsch, ein Haustier, gehörte wohl weiter zu den unerfüllbaren, solange Mama eine Allergie hatte. Aber immerhin konnten sie sich ab und zu Toffi ausleihen, Herrn Krautwurms Dackel, und mit ihm spazieren gehen und spielen. Genau betrachtet war der alte Nachbar gar nicht so grummelig, sondern ziemlich nett. Ge-

schimpft hatte er nur, wenn sich Toffi erschreckte, weil sie zu wild durchs Treppenhaus tobten, das wusste Sina jetzt. Oder wenn sie die Lieblingsblumen seiner verstorbenen Frau versehentlich mit dem Ball platt gewalzt hatten.

Ole hatte mit seiner Vermutung recht behalten: Der alte Herr war einfach einsam.

Ein Klingeln riss Sina aus ihren Gedanken. »Ich geh schon!«, rief sie und lief zur Tür. Davor standen Herr Krautwurm und Oma. Beide trugen eine Zipfelmütze. Nun sah Herr Krautwurm fast ein wenig aus wie Poldi.

»Oma!«, rief Sina und warf sich ihr an den Hals. »Hallo, Herr Krautwurm.«

»Die sollte ich aufsetzen, steht in der Nachricht.« Der alte Mann räusperte sich. »Danke für die Einladung.« Verlegen überreichte Herr Krautwurm Sina ein Blech mit Muffins, die aussahen wie Rentiere.

»Oh, die sind ja schön«, staunte sie.

»Ich war mal Konditor«, meinte er und lächelte. Sina musste schon wieder an Poldi denken und grinste.

Zusammen aßen sie mit großem Appetit Würstchen mit Kartoffelsalat und zum Nachtisch die Muffins und den Himbeer-Wolke-Baiser-Quark, den Sina so mochte. Dazu gab es Apfelpunsch, Kakao mit Marshmallows und Ingwerlimonade.

Anschließend spielten sie gemeinsam Karten. Paul freute sich über seine neue Gitarre und sie sangen ein paar Lieder.

Lächelnd dachte Sina an ihr Abenteuer in Wichtelfingen. Poldi feierte jetzt ganz sicher zusammen mit den

Wichteln und verdrückte jede Menge Spinat- und Zwiebelkekse.

»Könntest du noch etwas Saft aus der Küche holen, Sina?« Mama reichte ihr die leere Karaffe.

In der Küche wanderte Sinas Blick zum Lebkuchenhaus. Moment! Hatte sich da nicht was bewegt?

»Pssst! Sie darf uns nicht sehen«, hörte sie Oles Stimme. »Das ist Regel Nummer eins für Weiwis in Ausbildung. Zeig dich niemals nicht den Menschen.«

»Ich bin kein Weiwi, schondern ein Weitro, ein Weihnachtschtroll«, hörte sie eine Stimme brummen, die verdächtig wie die von Poldi klang.

»Aber nur Praktikant«, erwiderte Ole. »Und jetzt nimm deine Gurkengriffel von meiner Nase.«

»Ich kann doch nichts dafür, dass diesches Haus scho eng ist«, brummelte Poldi. Gleich darauf flüsterte er: »Glaubscht du, schie hat das Rätsel gelöst?«

»Draußen liegt Schnee, oder? Natürlich hat sie es gelöst. Sie ist die beste Rätselnussknackerin der Welt.«

»Und das zweite?«

»Frostbeulen«, sagte Sina, wie zu sich selbst. »Ein Schneemann, der sich stößt, holt sich Frostbeulen.«

»Brahaha«, lachte es leise aus dem Lebkuchenhaus. Und »Pscht!«, zischte es gleich darauf.

Grinsend tat Sina so, als hätte sie nichts gehört. Sie ging zum Kühlschrank und füllte die Karaffe auf.

»Leg den beiden die Überraschung hin, und dann nichts wie weg«, hörte sie Ole flüstern. »Bevor der Unsichtbarkeitszauber erlischt.«

Ein Luftzug traf Sina, dann plumpste etwas neben die Wichtelkerze im Fenster: Zwei Kekse, mit Spinatstreuseldeko. Örks.

Für einen Moment glaubte Sina, vor dem Fenster einen Umriss zu erkennen. Bunte Lichter glitzerten und jemand winkte. War das Lumi?

»Trollige Weihnachten!«, hörte sie Poldi rufen.

»Euch auch fröhliche Weihnachten!«, sagte Sina und winkte. Die Karaffe voller Saft und mit einem Glückskribbeln im Bauch kehrte Sina zu ihrer Familie ins Wohnzimmer zurück. Es stimmte, was man sich in Ehrenwichtelkreisen erzählte:

Weihnachten war tatsächlich die magischste Zeit des Jahres!

Ausgeschmökert? Weiterschmökern:

ISBN 978-3-8458-5902-6

**Nehmt euch in Acht vor dem Mäusekönig,
denn er hat nur Schabernack im Kopf ...**

Oh Schreck! In der Nacht vor Weihnachten stiehlt
der Mäusekönig den Schlüssel zum Königreich der Süßigkeiten!
Er möchte Weihnachten verhindern und jede Menge Chaos
anrichten. Die Geschwister Clara und Fritz Strudel und ihr neuer
Freund, der Nussknacker, sind die Einzigen, die den Mäusekönig
aufhalten können! Doch dann wird Fritz mit einem magischen Fluch
belegt. Die Freunde müssen ins Königreich der Süßigkeiten gelangen
und die Zuckerfee finden. Denn nur sie kann den Fluch brechen!

Können die drei den fiesen Plan des Mäusekönigs
aufhalten und Fritz retten, bevor es zu spät ist?
Es beginnt ein Wettlauf mit der Zeit ...

Gleich reist du ins Wichtelland, und zwar mit:

Sina Sonntag – ist acht Jahre alt und hat einen ganz besonderen Weihnachtswunsch. Sie kann super Rätselnüsse knacken und mag am liebsten Marzipankartoffeln.

Paul Sonntag – ist Sinas kleiner Bruder und hat ganz viele Weihnachtswünsche. Er bastelt gern und nascht am liebsten Vanillekipferl.